LEAH
LÖWENHERZ

Ein Trauerbuch für Kinder

Claudia J. Schulze

Herstellung und Verlag: BoD -

Books on Demand, Norderstedt

© Claudia J. Schulze, Titelbild und Schmetterling:
Anke Hartmann,
Bild zu Rilke-Gedicht: Claudia J. Schulze
Lektorat: Matthias Ziebarth, Frankfurt
ISBN: 9783744864237

O Herr, gib jedem seinen eignen Tod.
Das Sterben, das aus jenem Leben geht,
darin er Liebe hatte, Sinn und Not.

(Rainer Maria Rilke)

O Herr, gib jedem seinen eignen Tod.
So schreibt es Rilke in seinem Gedicht.
Der eigene Tod.
Für mich erscheint darin eine große, tiefe
Ruhe, ein Gehalten-Sein.
Nichts, was das Leben negiert, sondern
etwas, welches Ausdruck des Weges ist, den
jedes Leben unweigerlich geht.
Gehen muss, und manchmal auch gehen
darf.

Der Prozess des Sterbens, auf dem Bild
dargestellt als etwas Chaotisches, findet ein
Ende im Tod, der Abwesenheit von Chaos,
von Leid und Schmerz.
Der eigene Tod, so etwas wie das eigene
Bild, der eigene Name, die eigene Ruhe.
Ebenso individuell wie das eigene Leben,
welches, auch das benennt der Dichter,
Liebe hatte, Sinn und Not.

So wie wir auf dieser Welt sind, um wir
selbst zu sein, sein zu dürfen oder sein zu
müssen, so ist auch unser Tod das Abbild
dessen und findet sich wieder in diesen drei
kleinen Zeilen, die doch so unendlich groß
sind.

Vorwort

Dies ist ein Trauerbuch für Kinder und zugleich auch für Erwachsene. Über Umwege, oder auch direkt, kann sich der jeweils Betroffene identifizieren, abgrenzen, auseinandersetzen. Auch das „innere Kind", welches auch noch im Erwachsenen wohnt, kann auf diese Art Zugang zu der frühen Trauer, zu den ersten Verlusten des Lebens bekommen, über den Weg der Identifikation und der sich erschließenden, der sich entfaltenden Auseinandersetzung hin zu sich selbst, befähigt zu dieser Trauer in Kontakt treten. Damit es nicht nur bei einem „Aufbrechen von Gefühlen", bleibt, erfordert es einen behutsam geführten Prozess, eine ruhige Hinleitung zu individuellen Ressourcen, zu Bildern des Trostes- auch diese jeweils so individuell wie der Mensch selbst. Auch meinem Buch: „Verwaiste Kinder-Verwaiste Eltern" liegt eben jenes Prinzip zugrunde. Manchmal in symbolhafter Form, dann wieder sehr direkt wird über Verlust und Fortgang, über Trauer, Wut und Zurückbleiben geschrieben. Der Schmerz und die Trauer dürfen hier einen Raum einnehmen. Es soll nichts beschönigt werden. Die Zeit der Stille und die Zeit der Trauer, auch sie sind Teil dieser Bücher. Ab und an dann weckt sich das Leben wieder selbst- sozusagen. Hier, in meinem Buch und meinen weiteren Büchern, häufig dargestellt durch die Natur, den Wald oder Tiere. Auch diese können zum einen eine Stellvertreter-Rolle einnehmen, zum anderen aber auch als ganz konkrete Vorlagen dienen. Bewusst ist daher in meinen Büchern nicht ausschließlich vom Tod die Rede. Die kleinen Tode innerhalb des Lebens, und das kleine, aufkeimende Leben inmitten des Todes haben hier ebenfalls ihren Platz. Die Trauer der Kinder, die ja oft so schnell umschlagen kann – von großer Trauer bis hin zu einem ausgelassenen Spiel- lässt uns Erwachsene oft zu Unrecht vermuten, dass die Trauer der Kinder oberflächlich sei. Dies ist eine Ver-mutung, die dem Wesen des Kindes nicht gerecht wird. Und kennen wir diese Schwank-ungen nicht sogar von uns selbst? Wenn plötzlich möglicherweise wieder etwas Ander-es unsere Aufmerksamkeit fesselt, viel-leicht gar unsere Freude hervorruft, ohne dass wir dafür den Verstorbenen „verraten" oder in unserer Trauer oberflächlich wären? Auch hierum geht es in meinen Büchern.

Ich erzähle euch die Geschichte von Lukas, Agathe, Kai und von Leah Löwenherz. Einen Teil zumindest. Sie haben mir ebenfalls geholfen den Tod der Menschen zu überleben, die mir besonders wichtig waren. Ich schreibe bewusst „überleben". Manchmal kommt es einem so vor als wollte man selbst auch gar nicht mehr da sein. Das ist ein ganz normales Gefühl bei starker Trauer. Viele Menschen verstehen dies nicht, vor allem dann nicht, wenn sie noch nie jemanden verloren haben, den sie so sehr geliebt haben. Zwar gibt es viele Worte des Trostes, von denen einige gerade auch darauf hinauswollen, dass auch nach dem Tod niemand verloren ist.

Im Prinzip sehe ich das ähnlich. Nur eben auf dieser Welt ist der Mensch, der gestorben ist, nicht mehr in der Form für uns da, in der wir das gewöhnt waren. Dieses vorliegende Buch ist ausdrücklich kein Buch ausschließlich vom Tod, sondern auch vom Leben. Es gibt in solchen Zeiten des Todes wenig oder keinen Trost, vor allem keinen einfachen.
So viele Gefühle können einem durch den Kopf gehen, auch Wut auf den Verstorbenen kann

ein Teil davon sein. Es wird hier auch von einem Zauberer Euklesophos die Rede sein. Das ist, wie gesagt, Lukas' Geschichte. Was ihr davon für euch selbst gebrauchen könnt und was nicht, das ist ganz allein euch überlassen. Gerne könnt ihr auch eine andere Geschichte schreiben, eine andere Vorstellung davon, was nach dem Tod passiert. Am Ende dieses Buches habe ich dafür einen Raum eingeräumt, in dem ihr eure Gedanken festhalten könnt, wenn ihr mögt. Diesen Raum könnt ihr unendlich für euch selbst ausweiten. Lukas Leben endete nicht mit dem Tod seines Vaters. Allerdings veränderte es sich insofern, als Lukas keine Sicherheit mehr empfinden konnte und seine Mutter nicht mehr lachte. Ich möchte nun mit dem Erzählen von Lukas' Leben beginnen, vor und nach dem Tod seines Vaters. Agathe, die alte Frau aus dem Wald, glaubt fest daran, dass wir Menschen alle zusammen Gott helfen müssen durch unsere Taten, auch wenn sie selbst erst lange nichts mehr von ihm wissen wollte. Sie hat ein ganz persönliches Bild von ihm. Nach dem Tod ihrer Tochter Annie kam es ihr so vor, als habe Gott persönlich alle Bilder aus ihrem Lebensbuch gerissen. Seither bemüht sie sich um neue Bilder.

Und sie glaubt an die Existenz eines großen Bildes, unfassbar weit wie das Universum selbst, in welchem jedes ihrer Bilder ganz wunderbar aufgehoben ist.

Aufgehoben wie wir alle, aufgehoben in einem Plan, der sich uns eröffnen wird. Niemals wirklich verloren. Auch die Geschichte von Kai und von Leah Löwenherz, dem Mädchen, das einst den Tod besiegen wollte, möchte ich euch nicht vorenthalten.

Leah kämpft einen langen Kampf, so wie der Kampf mit dem Tod im Grunde häufig ein langer, schwerer Kampf ist, und sie sagt zum Schluss:

„Egal was im Leben passiert, auch wenn es etwas Schlimmes ist: Im Land der Seelen geht niemand verloren. Und eines Tages wirst du auch dort sein. Ich weiß, es wird dir dort gefallen. Doch bis es soweit ist - geh hinaus in die Welt."

(Leah Löwenherz)

Kapitel 1: Kieran, der Rabe

Als es Winter geworden war konnte Lukas, der in einem Haus im Wald wohnte, es einfach nicht mit ansehen, wenn Vögel im Winter durch das Schneegestöber irrten und nichts zu Picken fanden. Deshalb hatte er im Winter immer schon Vögel gefüttert.

Er hatte Körner für Meisen, Spezialfutter für die Enten im Stadtteich und einige kleine Vogelhäuser in seinem Garten. Lukas war auf alles vorbereitet: auf Spatzen, Rotkehlchen und auf diverse Engpässe in der Vogel-Futterversorgung.

Hierfür hatte er sich eine eigene kleine Vorratskammer in seinem hölzernen Baumhaus eingerichtet.
Er mochte es, wenn er die Sachen im Griff hatte. Nur auf einen war Lukas nicht vorbereitet gewesen: auf Kieran, den Raben. Kieran war ihm schon vor ein paar Wochen aufgefallen. Er hielt sich immer in der Nähe des Gartens auf, in dem Lukas die Futterstellen für die Vögel errichtet hatte.

Und auch wenn es merkwürdig erscheint so etwas über einen Vogel zu sagen, Kieran sah beleidigt aus.

Es wirkte so, als fühlte er sich persönlich von der einfachen Tatsache beleidigt, dass Lukas all die anderen Vögel fütterte - aber nicht ihn, den prächtigsten aller Raben.

In der Tat, Kieran war ein außergewöhnlich stattlicher Rabe.

Seine schwarzen, glänzenden Federn umrahmten seinen fein gezeichneten Kopf mit dem imposanten Schnabel und den so klug aussehenden dunklen, leicht schimmernden Knöpfchen, die seine Augen waren.

Man traute Kieran durchaus zu sich seine Nahrung selbst zu beschaffen, und so war Lukas gar nicht erst auf die Idee gekommen auch für ihn etwas Futter zu besorgen.

Doch das schien sich nun zu rächen, denn Kieran ließ Lukas nicht mehr aus den Augen.

Er beobachtete ihn missmutig, wenn dieser die Futterknödel für die Meisen aufhängte.

Er verfolgte ihn bis in sein Baumhaus und krächzte so schaurig wie er nur konnte.

Dann legte er den Kopf schief und plusterte sich auf.

Lukas wusste nicht so recht, ob er vor Kieran Angst haben sollte oder nicht. Sein Krächzen klang wahrlich schaurig, doch wenn er in seine glänzenden, dunklen Augen blickte und das aufgeplusterte Federbündel so vor sich sah, dann konnte er gar nicht mehr anders als Kieran zu mögen. In der Tierhandlung, in der er immer das Spezialfutter für die Stadt- enten zu holen pflegte, erkundigte er sich genau über die Nahrungsgewohnheiten von Raben. Der Verkäufer verstand zwar nicht warum Lukas ausgerechnet einen Raben füttern wollte, – doch schließlich konnte man dem Verkäufer daraus keinen Vorwurf machen. Immerhin hatte dieser Kieran noch nie persönlich gesehen. Beim Metzger besorgte er sich sofort Tartar, der ihm vom Vogelhändler dann doch noch empfohlen worden war.
Und da man ja weiß, dass Liebe durch den Magen geht, wird es niemanden verwundern zu erfahren, dass dieser feine Tartar die Freundschaft von Lukas und dem Raben Kieran besiegelte.

Zum Dank zeigte Kieran ihm seine tollkühnsten Kunststücke, – wie den freien Fall in der Luft. Das gefiel Lukas. Aber noch besser gefiel es ihm, dass sich Kieran nach einiger Zeit sogar auf seine Schulter setzte.

Und so gab es eine Zeit, in der Lukas nie ohne Kieran zu sehen war.

Die anderen Raben konnten nach Kieran rufen wie sie nur wollten. Es änderte nichts. Kieran zog eindeutig die Gesellschaft von Lukas, seines menschlichen Freundes vor.

Einen ganzen Winter lang waren sie un- zertrennlich. Doch dann kam der Tag, an dem Kieran nicht mehr da war. Lukas suchte überall nach ihm. Er fand ihn nicht. In seinem Baum- haus fand er eine einzige schwarze, glänzende Feder. Es war nicht anders zu erklären: Kieran musste sie absichtlich dort für ihn hinterlassen haben. Wahrscheinlich sollte es eine Nachricht sein. Eine Nachricht, die Lukas nicht ent- schlüsseln konnte. Niemals hätte er gedacht, dass Kieran ihm so fehlen würde.

Eigentlich machte ihm nichts mehr so richtig Spaß seit Kieran fort war, und manchmal war er wütend auf ihn, weil er einfach so davon- geflogen war und ihn allein zurückgelassen hatte. Die Feder jedoch trug er immer bei sich.

An einem Tag im April hörte er plötzlich ein bekanntes Krächzen. Kieran! Lukas rannte aus dem Haus. „Ich dachte ich würde dich nie mehr wieder sehen", rief er ihm laut entgegen. Das hätte er wohl nicht sagen sollen. Kieran sah beleidigt aus. Ungefähr so, als hätte er sagen wollen: „Hast du denn meine Feder nicht bekommen?"

„Doch, klar habe ich deine Feder bekommen", sagte Lukas und zog sie aus seiner Tasche.

Kieran wirkte nun wieder etwas zufriedener und plusterte sich sogar leicht auf.

So richtig glücklich war er aber erst, nachdem Lukas ihm beim Metzger den Tartar geholt hatte.

Den Rest des Tages verbrachten sie im Baumhaus. Ich weiß nicht worüber sie sich dort unterhalten haben. Man konnte ihre Schatten sehen und Kieran verputzte den gesamten Tartar vom Metzger.

Was sonst noch passierte kann ich nicht sagen.

Doch ich glaube, dass Kieran ausführlich von seinen Abenteuern zu berichten hatte, denn es wurde spät bis Lukas endlich wieder ins Haus kam.

Nur eines erzählte Lukas noch bevor er einschlief: Kieran hatte ihm nicht versprechen wollen nie wieder fort zu gehen.

„Doch er hat mir versprochen immer mein Freund zu bleiben", hatte er hinzugefügt."

„Na, aber das ist doch was", sagte seine Mutter. Lukas nickte, und als er schlief, da war ich mir sicher, muss er von Kieran geträumt haben.

Eigene Gedanken

Kapitel 2 : Lukas´Angst

Lukas, der allein mit seiner Mutter im Wald wohnte, hatte Angst. Und wie viele Kinder aus der Umgebung fand er seinen Weg zu Agathe, einer alten Frau, die alleine mit einigen Raben im Wald wohnte. Man hielt sie, vermutlich wegen der Raben, für eine Hexe.

Die Kinder allerdings glaubten das nicht. Raben, viele wissen das nicht, sind sehr soziale, sensible anhängliche und intelligente Wesen. Agathe wiederum war die freundlichste und klügste alte Frau die man sich nur vorstellen konnte.
Lukas, der, seitdem seine Mutter einmal viele Stunden zu spät nachhause gekommen war, von der Angst besessen war sie könnte sterben, fand also seinen Weg zu Agathe. "Das war bei mir auch so, als ich so ungefähr in deinem Alter war", sagte Agathe. Meine Mutter hatte ein schwaches Herz, und oft bekam sie wenig Luft. Ihre Lippen sahen blau aus, und sie war weiß wie ein Nachthemd.

„Zu meiner Zeit waren Nachthemden immer weiß", setzte sie hinzu.

„Ich hatte deswegen auch keine Geschwister, denn der Arzt hatte meiner Mutter verboten überhaupt Kinder jemals zu bekommen. Er hatte ihr prophezeit, dass sie spätestens bei der Geburt sterben würde. „Ich war auch nicht geplant", Agathe zögerte, dann lachte sie ein wenig und meinte schließlich: „Aber offenbar sollte es so sein, dass ich komme."

Lukas dachte vor sich hin, dass er darüber auch ziemlich froh war, denn auf Agathe konnte keines der Kinder im Umkreis verzichten.

Zu wem außer zu Agathe konnte man wirklich gehen wenn man etwas auf dem Herzen hatte? Gut, Mama war schon für ihn da, keine Frage. Doch bei solchen Themen, wo es ja auch immerhin um sie ging, wollte er lieber mit Agathe sprechen. Niemand konnte so zuhören wie sie, abgesehen von seiner Freundin Mia, und ihre Antworten halfen ihm meistens. Gut, bei Mia taten sie das auch, doch ab und zu, das spürte er, kannte keiner die Antworten auf solche Fragen besser als eben Agathe.

„Wenn es meiner Mutter so schlecht ging", fuhr Agathe fort, „dann habe ich mir oft überlegt was ich im Falle ihres Todes machen sollte. Lukas wusste genau was sie meinte.

„Natürlich wusste ich damals nicht, dass meine Sorgen umsonst waren, denn sie wurde nicht weniger als 73 Jahre alt, was, zur damaligen Zeit und in Anbetracht ihrer Erkrankung, tatsächlich ein hohes Alter war. Doch selbst da, und damit hatte ich als Kind nicht gerechnet, fehlte sie mir sehr. Als Kind denkt man manchmal, dass Erwachsene automatisch klarkommen, und dass es eine Leichtigkeit sei, seine Mutter zu verlieren wenn man selbst schon alt ist. Jedenfalls hatte ich mir das als Mädchen so vorgestellt. Als Kind jedoch konnte ich noch nicht einmal diesen Gedanken zu Ende führen, zu undenkbar war er damals für mich. Dabei hätte ich als Kind viel eher jemanden gehabt, der sich, sogar sehr gut, um mich gekümmert hätte:

Meinen Vater, meine Tanten und meine Groß-mutter." Sie goss sich Wasser in ein Glas, bot auch Lukas etwas an, und sprach weiter.

„Als ich erwachsen war, war das nicht mehr der Fall. Ich fühlte mich zuerst sehr allein".

Sie dachte kurz nach, so als wäre sie nicht sicher, ob sie weitersprechen sollte oder nicht.

„Es hat sich dann etwas geändert", brachte sie schließlich hervor.

„Wie denn, was denn?", wollte Lukas wissen. „Na ja, es ist schwer zu erklären". Sie sprach nun sehr leise, „aber plötzlich merkte ich, dass meine Mutter ständig bei mir war und mich begleitete." „Wie ein Engel?", wollte Lukas wissen. „Schwer zu sagen", antwortete Agathe. „Vielleicht schon auch wie ein Engel, aber das meine ich nicht."

Sie stand auf, ging zum Regal und holte ein großes Kochbuch hervor. „Schau es dir mal an", forderte sie Lukas auf. Das Buch war sehr alt, der Einband etwas fleckig, und in dem Buch standen Rezepte, die von Hand geschrieben waren. Lukas konnte die alte Handschrift nicht richtig entziffern, aber es waren trotzdem eindeutig Rezepte, das sah er an der typischen Anordnung. „Das ist ein Beispiel", erklärte ihm Agathe. „Ich habe damit begonnen nach ihren Re-zepten zu kochen, aber das war längst nicht alles. Immer wieder fiel mir plötzlich auf, dass ich so war wie ich bin, weil es sie gegeben hat. Sie hat mir gezeigt wie man verletzte Vögel und Igel füttert und wieder aufzieht, dass man freundlich zu den Menschen sein soll, weil keiner von ihnen es am Ende leicht haben wird – all dies.

Und jedes Mal, wenn wieder einmal ein Vogel auf meiner Veranda meine Hilfe brauchte, oder mir jemand sagte wie freund-lich ich sei, da war meine Mutter plötzlich bei mir, und es ging etwas von ihr aus, so etwas wie ein warmes, wunderbares Licht. Ich habe sie nicht wirklich gesehen", setzte sie erklärend hinzu, „doch ich habe gespürt, dass sie da war. Ich habe es in diesen Augenblicken einfach nur gewusst." Sie nahm das Buch, klappte es behutsam zu und stellte es wieder ins Regal. „Im Nachhinein denke ich, dass es auch so gewesen wäre, wenn ich sie schon als Kind an die andere Seite im Jenseits verloren hätte, wobei „verloren" – nach allem – nicht das richtige Wort ist." Lukas nickte. Irgendwie konnte er sich das auch gut vorstellen.

„Natürlich wäre es trotzdem schrecklich ge-wesen, gar keine Frage!", räumte Agathe ein. Dann schwiegen sie und Lukas gemeinsam für eine Weile bis sie zusammenfasste: „Doch in jedem Schrecken, in jeder Not ist irgendwo eine Rettung, die uns findet." Sie trank etwas Wasser. „Daran glaube ich ganz fest", ergänzte sie dann.

Lukas musste nun daran denken, dass Agathes Tochter früh gestorben war, und dass sie sicher wusste wovon sie sprach. „Das weißt du ja schon, Lukas", ergänzte sie nun: „Das Schöne und das Schreckliche sind oft nicht so weit voneinander entfernt. Also, Lukas: Wenn das Schreckliche dich zu ersticken droht, dann bleibt dir gar nichts anderes übrig als nach dem Schönen zu schauen." Jetzt musste er an Ruby, den kleinen Raben, und an Mia denken. Mia, die einmal gesagt hatte, dass man von allem Schlimmen das Gegenteil denken müsse, wenn man Angst habe.

Kein Wunder, dass die beiden, Mia, Lukas´ Freundin, und Agathe, sich so gut verstanden.

„Ich hab´ eine Idee, Lukas!"

Agathe holte ein großes Stück Papier und Stifte, die sie auf den Tisch legte. „Warum zeichnest du nicht ein Bild für Deine Mutter? Das kannst du doch so gut." Sie war nicht die Einzige, die so dachte.

Erst vor wenigen Wochen hatte Lukas einen Zeichenwettbewerb gewonnen, und im Rathaus waren sogar einige seiner schönsten Zeichnungen und Graphiken ausgestellt.

Während er zeichnete, stellte er fest, dass Agathe wieder einmal Recht hatte.

Irgendwie half das Zeichnen in diesem Augenblick am besten gegen die Angst seine Mutter zu verlieren. Denn während er ein Bild von Kieran malte, stellte er sich ihr Gesicht vor.

Wie sie sich freuen würde. Dieses Gefühl breitete sich in ihm aus wie die Flügel, die Kieran auf dem Bild in den Himmel spreizte.

Und in diesem Augenblick war keine Angst mehr in ihm, sondern nur noch Freude.

„Wie gut du Kieran hier getroffen hast!",

bemerkte Agathe. Lukas wiederum dachte, dass Agathe ziemlich auf Zack sein musste, weil sie Kieran sofort erkannt hatte.

Immerhin war er bei weitem nicht der einzige Rabe auf ihrer Veranda. Als könnte sie seine Gedanken lesen, stellte sie energisch fest:

„Aber hör mal, Lukas, ich werde doch wohl Kieran noch erkennen!"

Das verstand er sofort. Denn immerhin gab es weit und breit niemanden, der so genau hinsah wie Agathe.

Noch während er malte beschloss er, auf dem Rückweg Kai zu besuchen.

Kais Katze, Maxime, war sehr krank und Lukas wusste, dass man in einem solchen Fall seine Freunde noch nötiger brauchte als sonst.

Agathe setzte derweil Annie, der Puppe ihrer verstorbenen Tochter eine kleine Mütze auf und fügte den passenden Schal hinzu.

Auch der Name ihrer Tochter war Annie gewesen, und noch immer spielte Agathe mit ihren Puppen.

Es half ihr, das war nicht zu übersehen.

„Der Schal sieht ganz wunderbar aus, findest Du nicht? Das Muster, einfach toll, oder?"

Er nickte. „Meine Annie hatte auch mal so einen Schal. Sie war so gern draußen, und ich musste ihr immer einen Schal geben, der zur Mütze und zu den Handschuhen passte. Das war ihr wichtig."

Agathe war nun in Gedanken ganz weit weg - bei ihrer verstorbenen Tochter Annie. Er sah es ihr ganz genau an.

„Ja, klar", dachte sich Lukas, „manche Leute würden sie deswegen ganz sicher für verrückt halten. Aber was gehen die uns an?" „Nichts", beschloss er, und blieb, bis das Bild fertig war.

Eigene Gedanken

Kapitel 3: Leah Löwenherz

Leah Löwenherz war das Mädchen, das sich ausgerechnet vorgenommen hatte den Tod zu bekämpfen. Jedenfalls war es das, was die Leute über sie erzählten. In Wirklichkeit war Leah natürlich noch viel mehr als das. Leah konnte man mit einfach gar nichts erschrecken. Es gab kaum jemanden, der sich vor etwas weniger gefürchtet hätte als Leah. Auch den Tod fürchtete sie nicht. Vielmehr hasste sie ihn.

Sie hasste ihn aus tiefstem Herzen. Warum nur musste er einem die Menschen oder die Tiere nehmen, die man besonders mochte? Oder diejenigen, die irgendein anderer besonders mochte? So klug Leah auch war: Das ging ihr einfach nicht in den Kopf. Und so kam es, dass sie in einer Nacht den Beschluss fasste den Tod zu bekämpfen. Nicht nur bekämpfen, sondern auch vernichten würde sie ihn. Keinen Tod sollte es auf der Welt jemals mehr geben. Niemand sollte jemanden verlieren müssen, an dem sein Herz hing. Doch war das nicht so einfach.

Zunächst einmal musste sie den Tod finden.

Er zeigte sich mit Sicherheit nicht jedem, und so kam Leah Löwenherz auf die Idee den Tod zunächst einmal anzulocken, zu sich zu locken.

Von Agathe, einer alten Frau, die im Wald lebte, wusste sie, dass man den Tod dann sehen kann, wenn man selbst kurz davor ist zu sterben. Natürlich hätte Agathe das Leah nicht erzählt, damit diese keine Experimente mit diesem Wissen machen sollte. Sonst hätte sie es ihr mit Sicherheit niemals verraten, leicht nämlich konnte dieses verborgene Wissen einem Menschen, der nicht recht damit umzugehen verstand, schaden. Doch Leah hatte Agathe, die sehr alt war und nicht mehr genau wusste was sie erzählen durfte und was nicht, ein wenig ausgetrickst, was durchaus nicht nett von ihr war. Es ist niemals ein besonders guter Stil einen Menschen, der durch Alter oder Krankheit geschwächt ist, in dieser Art für die eigenen Zwecke auszunutzen. Doch Leah meinte es keineswegs böse. Im Gegenteil. Auch Agathe stand auf der Liste derer, die sie vor dem Tod bewahren wollte. Auch bei Agathe sollte der Tod diesmal nicht gewinnen – besonders nicht bei ihr.

Wie die meisten Kinder in der Gegend liebte auch sie diese alte Dame über alles.

Agathe hatte ihr also, freilich ohne zu wissen was sie damit anrichten würde erzählt, wer den Tod sehen könne. Nur der, der selbst kurz davor steht mit dem Tod auf die letzte irdische Reise zu gehen, kann ihn erkennen. Er sieht ihn dann auch bei anderen. Das ist Teil eines größeren Plans, denn der Tod, der weder gut noch böse ist, wollte es so. Er wollte, dass die Menschen, zumindest ein wenig, auf ihn vorbereitet sein sollten. Im Grunde war das kein Akt der Nächstenliebe, doch fiel es ihm leichter, wenn die Menschen, die er holen musste, zumindest vorher ein wenig geahnt hatten was passieren würde.
Im Traum bereitete er sie auf sich vor. Selbst die Menschen, welche ganz plötzlich, zum Beispiel durch einen Unfall, starben, hatten vom Tod eine Nachricht erhalten. Je nachdem wie gut es diesen Menschen gelang ihre Träume zu verstehen waren sie nicht ganz und gar unvorbereitet. Und genau hier begann Leahs Plan. Es war ein äußerst riskantes und nicht gerade gut durchdachtes Vorhaben.

Ich möchte es euch lieber nicht erzählen. Auch Agathe hätte das nicht gewollt. Doch gelang es Leah Löwenherz hiermit den Tod in ihren Traum zu locken.

Der Tod nahm sie mit auf eine nächtliche Reise und zeigte ihr die Sterbenden dieser Welt, die Trauernden und all das, was mit einem solchen Verlust einhergeht. Sie rechnete nicht damit jemals wieder zurückgebracht zu werden. Zumindest würde es ihr niemals gelingen, sollte sie den Tod nicht dazu bringen selbst zu sterben.

Wie das ging, hatte auch Agathe nicht gewusst. Allein schon die Frage hatte Agathe erstaunt.

„Wozu denn das, Leah?" Sie erinnerte sich an ihre Worte und an den Ausdruck des größten Verwunderns auf ihrem Gesicht.

„Agathe, ich möchte aber nicht, dass du stirbst", war Leahs Antwort gewesen. Mit dieser Wendung des Gesprächs hatte die arme alte Agathe verständlicherweise nicht gerade besonders viel anfangen können. „Was hat das denn damit zu tun den Tod zu töten?" Leah wusste es selbst nicht. Sie wusste nur, dass es ihr irgendwie gelingen musste.

Ein magischer Spruch sollte ihr dabei helfen. Sie sprach ihn dreimal hintereinander, so wie sie das aus alten Märchen kannte.

Der Tod hat mich hergebracht,
Gebunden sei nun seine Macht.
Für immer muss er von hier schwinden,
Nirgends sei er mehr zu finden.
Die böse Macht sie soll sich schämen,
Soll niemand, den ich lieb, mir nehmen.
Lass mich, du Tod, aus deinen Händen,
Sollst nur noch deine Zeit verschwenden.
Lös dich auf du feiger Dieb!
Nahmst mir alles, das mir lieb.
Dafür werd´ ich dich vernichten,
Niemand kannst du mir mehr richten.
Hinfort, hinfort, hinfort durch Zeit und
Raum und Ort!

Sie war, in der Tat, sehr entschlossen. Doch nützte es nichts. Obgleich sie den Spruch gleich mehrfach wiederholt hatte – sie war noch immer mit dem Tod auf Reisen.

Er zeigte ihr den Tod und die Trauer, bis Leahs Wut, ihr Hass und ihr Zorn beinahe ins Unerträgliche stiegen. Hätte sie ihn nun, allein nur mit ihren eigenen Gedanken, in die Luft jagen oder ertränken können, ohne weiteres hätte sie es getan.

Da waren nicht nur die fremden Menschen, die sie da sah. Alle, die sie bereits an den Tod verloren hatte, ihre Oma, den Opa und ihren Hund, ihre Freundin Katha und den jungen, schönen schwarzen Vogel, der damals an das Küchenfenster geflogen und danach vermutlich gestorben war. Sie hatte ihn jedenfalls nicht wieder gefunden.

Und obgleich sie all diese Wut in sich hatte, welche wohl ausgereicht hätte gleich mehrere Tode zur Strecke zu bringen, fühlte sie mit einem Mal, dass es ihr nicht gelingen könnte.

Bisher hatte er kein Wort gesprochen. Doch nun, nachdem sie ihn hatte auslöschen wollen, sprach er zu ihr. „Leah Löwenherz", sagte er. „Ich werde dich nachher wieder in dein Leben zurückbringen." Damit hatte sie allerdings nicht gerechnet. Der Tod gab ab und an also sogar wieder jemanden frei?

Sie fragte nicht, doch schien der Tod ihre Gedanken lesen zu können. „Deine Zeit, Leah, ist noch nicht abgelaufen". Und dann, gerade so als würde der Tod ihr nun etwas sagen, ohne dabei zu sprechen, brannte sich etwas in ihr Gedächtnis ein.

Drei Sätze: Der Tod ist weder gut noch böse. „Das ist der erste Satz, Leah Löwenherz". Der zweite Satz lautet: „Dem Tod entgeht niemand. Es gibt kein Recht auf Leben in dieser Welt. „Und der dritte ergibt sich aus dem zweiten. Der Tod ist unvermeidbar, denn es gibt ein Recht auf den Tod."

Leah sah ihm fest und entschlossen ins Gesicht, während sie sich wunderte, dass er überhaupt ein Gesicht hatte. Doch tatsächlich. Und es war keine entstellte Fratze. Es war ein ernstes, beinahe schönes Gesicht. Nun sprach er wirklich zu ihr: „Sieh das ganze Bild, das gesamte Bild!" Darunter konnte sich Leah nun wirklich nichts vorstellen, und der Zorn, der begonnen hatte sich ein wenig zu legen, flammte erneut in ihr hoch. „Wenn du mich bekämpfst", sagte der Tod daraufhin, „dann wirst du viel verletzlicher für das wahre Böse in dieser unserer Welt.

Bekämpfe nun dieses, Leah Löwenherz. An Mut fehlt es dir wahrlich nicht!" Leah dachte nach, der Tod fuhr fort.

„Ich bin nur ein Mittler zwischen den Welten. Böse bin ich nicht, glaube mir. Und ich weiß, dass Du hier bist um etwas heller zu machen. Tu das! Es ist in dir" Nun sah er sie fast freundlich an und sagte mit einem Blick, der eindringlich auf ihr lag: „Ein Kreislauf, Leah, niemand geht verloren. Nichts geht verloren. Alles kehrt zu seinem Platz zurück, und alles findet sich wieder. Drei Sätze, Leah. Nur drei Sätze: Der Tod ist weder gut noch böse. Dem Tod entgeht niemand.

Der Tod ist unvermeidbar, und es gibt ein Recht auf den Tod." Er wandte sich ab, und zum Abschied sprach er noch: „Den vierten wirst Du selbst herausfinden. Es sind immer vier Sätze, so wie es auch vier Jahreszeiten sind." Sie glaubte ihm. Doch erst als sie sich wieder unversehrt in ihrem Bett wiederfand. Agathe hat sie es vorsichtshalber nicht erzählt. Nicht lange darauf trat der Tod wieder an Leah heran. „Möchtest du mich jetzt holen?", fragte sie ziemlich verwundert. „Ist meine Zeit jetzt doch schon gekommen?" Sie war nicht vor-bereitet. „Nein", antwortete der Tod.

„Doch bald werde ich eine alte Freundin von dir zu holen. Sie ist schon lange darauf vorbereitet, und sie kennt den vierten Satz bereits seit vielen Jahren. Kennst du ihn jetzt auch?"

„Ja", flüsterte Leah, die so früh am Morgen ihre Mutter nicht wecken wollte. Ihre Mutter hatte einen leichten Schlaf.

„Der Tod ist nicht das Ende". Er nickte, lächelte und verschwand. Früher als sonst verließ Leah Löwenherz das Haus, um Agathe, ihrer alten Freundin, einen Besuch abzustatten. Sie nahm Schokolade mit.

Solcherlei Besuche erfordern immer etwas Schokolade. Agathe war da ganz und gar ihrer Meinung. „Setz dich ein bisschen näher zu mir, Kleine", sagte sie noch und legte ihren Arm um Leah. Agathe sah sehr schwach aus, doch war keine Angst in ihr. Sie strahlte etwas so Ruhiges aus, dass es sich auf Leah übertrug. „Danke, dass alles enden darf, meine Kleine!" Ein komischer Satz. Ja, vielleicht passte er bei einer Frau wie Agathe. Aber hatte sie auch so gedacht, als damals ihre eigene Tochter starb?

Leah konnte sich das nicht vorstellen. Dieses Kind war doch erst am Anfang gestanden. Wie konnte Agathe also so einen Satz sagen? Wie gerne hätte dieses Mädchen gelebt, hier im Wald und bei Agathe.

„Was ist mit Annie?", wollte sie von Agathe wissen. „Annie. Ja, auch meine Schmerzen um sie enden nun". Mehr sagte sie nicht dazu.

„Danke, dass alles enden darf."

Der Satz machte Leah so wütend, und doch verstand sie, dass irgend etwas in ihm war, dass er ein Geheimnis barg.

Ja, offenbar gab es auf dieser Welt kein Recht auf Leben. Es gab kein Recht darauf gesund zu bleiben, kein Recht darauf nicht zu verunglücken oder schwer krank zu werden. Es gab kein Recht darauf nicht in einem Krieg getötet zu werden oder zu verhungern. Auf dieser Welt gab es diese Sicherheit nicht und schon gar nicht dieses Recht. Der Tod, ja, der war allen gewiss. Aber sollte er deshalb gleich ein Recht sein? „Ist der Tod ein Recht?", fragte sie Agathe, obgleich sie zugleich fand, dass man eine Sterbende nicht mit solcherlei Fragen plagen sollte.

Agathe sah sie an, sie sah ihr genau in die Augen und nickte. „Ja, meine Kleine. Auf eine komische Art und Weise ist er unser letztes Recht- vielleicht sogar unser einziges." „Nimm dieses Buch, Leah, ich hab´ darin etwas angestrichen. Du sollst es behalten." Natürlich konnte sie Agathe diesen Wunsch nicht abschlagen, und sie wusste auch schon welche Stelle Agathe angestrichen hatte. Die Stelle ihres Lieblingsdichters. Leah kannte diese Stelle auswendig, denn Agathe hatte sie einige Male zitiert.

O Herr, gib jedem seinen eignen Tod.
Das Sterben, das aus jenem Leben geht,
darin er Liebe hatte, Sinn und Not.

„Behalte das für immer, meine Kleine!". Leah nickte.
Es störte sie überhaupt nicht von Agathe „Kleine" genannt zu werden, obwohl, rein objektiv gesehen, Agathe die kleinere von ihnen war, und obwohl Leah es war, die sie mit winzigen Stückchen Schokolade fütterte, als sei sie ein junger Vogel, der das Fliegen noch nicht gelernt hatte.

Es stimmte. Und so sehr Leah sich davon gestört und angegriffen fühlte: Es gab dieses andere Recht nicht. Das Recht auf Gesundheit, das Recht auf ein langes Leben, das Recht auf die Abwesenheit von Leid. Doch jeder würde seinen eigenen Tod haben. Der Tod, wenn das Sterben vorbei war, der reine Tod- vielleicht war doch etwas Friedliches in ihm? Ein Trost? Ein Versprechen?

Doch was war mit dem Leben? Leah fühlte sich hin- und hergerissen. Hier saß sie, Agathe, diese weise, kleine Frau und war dabei die Welt hier zu verlassen. Sie hatte gern gelebt. Leah wusste das. Auch wenn sie ab und zu traurig und einsam gewesen war. Das Leben hatte sie dennoch genossen. Und sie tat es noch. Warum sonst verzehrte sie sich nach Leahs Schokolade?
Zart und zerbrechlich saß sie dort auf ihrem Stuhl und wartete. Wartete ohne Angst auf den, der weder gut noch böse war.

Agathes zahme Raben waren bei ihr, und der Tag wich so langsam, so verhalten, als fiele es ihm besonders heute ungemein schwer.

Agathe wartete noch immer geduldig in ihrem Stuhl auf der Veranda.

Leah Löwenherz saß bei ihr und weinte.

--------------------------Notizen--------------------

Eigene Gedanken

Kapitel 4: Der Adventskalender

Leah war sauer. *„Nur weil ich ausgerechnet an Weihnachten Geburtstag habe, krieg ich viel weniger Geschenke als andere Kinder!"*

„Du weißt, dass das nicht stimmt", antwortete Mama. *„Aber den teuren Kalender hier können wir uns jetzt einfach nicht leisten!"*. Leah wütete: *„Das ist nicht fair!"*, und setzte noch jammernd nach: *„Wenn ich doch nur im Sommer Geburtstag hätte!"*

Dann erschrak sie. Mama schaute sie plötzlich so komisch an. Fast sah sie traurig aus. *„Leah"*, sagte sie dann, *„Du bist jetzt fast zehn Jahre alt; ich erzähl dir jetzt mal wie es war, als du auf die Welt gekommen bist."* An das was Mama danach erzählte würde sie sich, das wusste Leah jetzt schon, für immer erinnern.

Dass sie zu früh geboren wurde, und dass die Ärzte drei Tage lang nicht wussten, ob sie überhaupt überleben würde.

„Als wir dich dann endlich bei uns hatten", hatte Mama leise gesagt, *„was glaubst du*

denn, war da das größte und schönste Geschenk überhaupt für uns?" „Ich?" hatte Leah daraufhin vermutet und Mama hatte gelächelt. *„Ja, du!".* Und dann hatte sie sie in den Arm genommen. *„Glaubst du nicht auch, Leah, dass das das Wichtigste überhaupt ist?"* hatte sie noch gefragt. *„Ich meine, dass du da bist, und dass wir alle so unendliches Glück haben, weil wir drei zusammen sein können?"* Leah nickte. *„Komm",* sagte Mama, *„wir holen den Kalender raus, den Papa für dich gemacht hat."* Leah kannte den alten Kalender schon. Er bestand nur aus Kinderbildern und Fotos von ihr, und jedes Jahr kam ein neues Bild dazu. Die meisten hatte Papa selbst geknipst. Bis jetzt hatte sie das immer ein wenig kindisch gefunden. *„Jetzt weißt du auch, warum Papa den hier gebastelt hat",* sagte Mama noch. Leah betrachtete ihren alten Kalender, ihre Babybilder und ihre ersten Kritzeleien bildeten die ihr bekannte Serie. Mama und Papa waren auch auf einigen Bildern zu sehen. *„Monika, meine Freundin, hatte dieses Glück nicht."* Mama sah nun wirklich sehr traurig aus. „Was ist passiert?", wollte Leah wissen. Doch dann musste sie nicht weiterfragen.

Sie dachte an den, der weder gut noch böse war. Auch wenn es sich wahrlich nicht gut anfühlte, wenn er sogar Kinder mitnahm. „Der Tod ist nicht das Ende, Mama", sagte Leah tapfer. Und doch dachte sie in diesem Moment in Trauer an Agathe, ihre beste Freundin auf der Welt. Und dann wusste sie plötzlich, dass sie keinen anderen Kalender als diesen hier haben wollte. Sie erinnerte sich so deutlich an Agathe und daran, dass Agathe an ein großes, unendliches Bild glaubte, in dem sich alle Bilder wiederfinden würden. Selbst die Bilder, die nie (zumindest nicht auf dieser Welt) entstanden sind.

Auch das Bild von Monikas Kind würde dort sein. Und ihre Bilder würden neben dem Bild dieses Kindes stehen, ebenso wie Agathes Bilder. Das war ein Trost. Auch wenn sie noch immer weinte wenn sie auch nur an Agathe dachte.

Es gab, neben vielen – Menschen und Tieren - noch jemanden, der um Agathe getrauert hatte. Lukas zum Beispiel.

Aber auch Anton. Ihre Geschichten möchte ich euch hier erzählen.

Eigene Gedanken

Kapitel 5:
Lukas und die Rabenfeder

Lukas, der Junge aus den Wald, war beinahe 10 Jahre alt. Er hatte braune Haare und blaue Augen. Eigentlich war er wie fast alle Kinder in seinem Alter. Außer vielleicht, dass er ständig von Tieren umgeben zu sein schien.

Das hatte schon begonnen, kaum dass er hatte laufen können.

Schon früh war er immer im Wald gewesen und hatte die Tiere dort beobachtet. Nicht einmal die scheuen Tiere, wie die Hirsche, liefen vor Lukas davon.

Manchmal blieben sie ganz nah vor ihm stehen und sahen ihn ruhig an.

Sie waren wunderschön und so majestätisch, dass es Lukas den Atem raubte.

Diese Momente waren etwas ganz Besonderes für ihn. Sie waren so schön, dass er sogar von ihnen träumte. Wer jemals einen Hirsch aus der Nähe gesehen hat, kann das ganz sicher verstehen. Obwohl sie so groß und mächtig waren mit ihren Geweihen und den Hufen, fühlte sich Lukas niemals von ihnen bedroht. Wenn er die dunklen Augen der Hirsche sah, fühlte er sich aufgehoben, so, als könnte ihm niemand etwas antun.

Im Wald fühlte sich Lukas am sichersten. Besonders seit Papa im vergangenen Jahr gestorben war. Seither war ihm oft alles so unheimlich vorgekommen, und so leer.

Mit Papa hatte er einmal über den Tod gesprochen. Offenbar ein Thema, über das sich sein Vater nicht allzu große Sorgen gemacht hatte. Vermutlich hatte er wohl nicht damit gerechnet, dass ihm selbst nicht mehr viel Zeit bleiben würde. Doch er hatte ihm gesagt, dass das Leben größer sei als der Tod, und dass man das Leben im Wald ganz besonders gut finden könne. Lukas genoss also alles, was er dort so sehen und erleben konnte.

Er liebte es, wie die Eichhörnchen von Baum zu Baum sprangen. Ihm gefielen die Fischotter. Und er bewunderte die Eleganz der Eulen, wie sie durch den Nachthimmel glitten.

Lukas hatte Glück, denn er lebte nah am Wald, so dass er sogar von seinem Fenster aus die

Tiere dort beobachten konnte. Manchmal kamen sie dicht ans Haus heran und schliefen dort – ganz in seiner Nähe.

Oder sie flogen um das Haus, so wie Gerda, die Eule, und beschützten ihn in seinen Träumen. Das konnten nicht gerade viele Kinder von sich behaupten.

Doch es gab noch etwas, das Lukas von den andern Kindern unterschied.

Lukas fand es schwierig was den Umgang mit anderen Menschen betraf. Besonders mit Erwachsenen.

Sie waren so groß wie unberechenbar. Lukas ging ihnen aus dem Weg, wo er nur konnte. Besonders dann, wenn diese auch noch unfreundlich mit ihren Tieren sprachen, so wie der Waldarbeiter, den Lukas manchmal mit einem Schäferhund sah. Vor dem Waldarbeiter fürchtete er sich. Doch obwohl der Schäferhund auf den ersten Blick ziemlich gefährlich aussah, verspürte Lukas nicht die geringste Angst vor ihm.

Er spürte, dass keine wirkliche Gefahr von ihm ausging. Bei Tieren war das also anders als bei Menschen.

Sogar völlig anders. Und deshalb wollte Lukas später auch einmal Tierarzt werden. Bereits jetzt schienen die Tiere das zu wissen, denn wie sonst ist es zu erklären, dass sie, wann auch immer eines von ihnen einmal krank wurde, in irgendeiner Form, fliegend, flatternd oder zu Fuß, bei Lukas auftauchten.

Vögel mit gebrochenen Flügeln oder verwaiste Küken, Katzen mit verwundeten Vorderpfoten, ein Hund, der seinem Herrchen ausgerissen war, und Rüdiger, die kleine Fledermaus. An Rüdiger hing Lukas ganz besonders.

Einmal kamen auch ein zerrupftes Käuzchen mit geschürftem Schnabel, ein kleines verirrtes Wildschweinchen und ein Maulwurf, der von einem herabgefallenen Ziegel unglücklich getroffen worden war und eine scheue alte Füchsin, deren rechtes Ohr verletzt worden war. Sie alle waren, jeder auf seine Art, bei Lukas gelandet, und Lukas hatte jedem von ihnen helfen können.
Die Füchsin blieb seither ständig in der Nähe seines Hauses. Immer wieder sah er ihren roten Pelz durch das Unterholz leuchten.
Er wünschte sich kaum etwas anderes.

Nur ab und zu kam ihm der Gedanke, dass es wunderbar wäre, könnte er auch sich selbst helfen und einfach weniger Angst vor anderen Menschen haben.

Es blieb allerdings immer nur ein flüchtiger Gedanke. Obwohl ihm ansonsten ständig etwas einfiel, wenn es darum ging den Flügel eines Vogels zu schienen, einen Schmetterling zu retten oder einen Jungvogel mit einer Pipette zu ernähren – bei sich selbst wusste er nicht weiter.

Es erschien ihm vielmehr vollkommen rätsel-haft, wie er etwas Vergleichbares bei sich selbst hätte anwenden können.
Wenn er dann an den klugen Ausdruck des Käuzchens dachte, vermutete er, dass es die Lösung wissen könnte. Doch ihm erschloss sie sich nicht. Nötig wäre es durchaus gewesen. In der Schule brachte er nämlich kaum einen vernünftigen Satz hervor, beim Bäcker ließ er sich ab-drängen, der Fahrer des Schulbusses war sein absoluter Tiefpunkt.

Bei ihm zitterten Lukas Hände, wann immer er auch nur seine Fahrkarte vorzeigen musste. Sobald ihn einer der Erwachsenen auch nur ansah, verschlug es ihm die Sprache.

Die meisten anderen Kinder lachten deswegen manchmal schon über ihn. Besonders Kai, der es ohnehin irgendwie auf ihn abgesehen hatte. Kai ließ keine Gelegenheit aus, Lukas eine reinzuwürgen wo er nur konnte.

Es hatte keinen Sinn sich mit ihm anzulegen. Kai war beliebt und niemand spielte so gut Fußball wie er. Kai war zudem mindestens einen Kopf größer als Lukas und viel kräftiger.

Kai wusste das natürlich auch, und er wusste das für sich auszunutzen. Er gab ihm Schimpfnamen und machte ihn nach, er lachte ihn aus oder redete schlecht über ihn. Das fand Lukas besonders gemein. An manchen Tagen fühlte er sich deswegen noch viel schlechter als sonst. Und wenn er dann auch noch das Gesicht des Busfahrers vor sich sah, reichte es ihm vollkommen.

Im Grunde hatte er schon aufgehört daran zu glauben, dass sich daran jemals etwas ändern könnte.

Das war jedoch, bevor er an diesem Tag im Herbst einem rätselhaften Igel begegnete.

Lukas hatte ein Geräusch gehört, und als er den Igel in dem Blätterhaufen auf dem Boden entdeckt hatte, wollte er gerade ins Haus zurückgehen, um ein rohes Ei für ihn aus dem Kühlschrank zu holen.

Doch bevor er sich rühren konnte, begann der Igel zu zischen.

Er zischte ganz deutlich. Lukas erschrak ein wenig und beugte sich zu dem Igel hinunter um zu sehen, ob ihm möglicherweise etwas fehlte oder ob er verletzt war.
Sein Gesicht war nun direkt vor dem Köpfchen des Igels.

Er bemerkte erleichtert, dass dessen Augen völlig klar waren, nicht trüb wie bei einem kranken Tier. „Hallo Stachel", sagte er leise zu dem Igel. Er fand, dass dieser Name zu ihm passte. Lukas legte den Kopf ein wenig schief, um zu hören, ob der Igel gleichmäßig atmete.
Ihm fiel nichts Besonderes auf – außer, dass eine glänzende schwarze Rabenfeder auf dem Boden neben dem Igel lag.

Stachel rollte sich mit einem Mal auf dem Rücken im Laub herum, als wolle er spielen. Dann fühlte Lukas etwas Feuchtes in sein Ohr stupsen. Dieser Igel hatte ihm doch tatsächlich mit seiner winzigen, nassen Igelnase mitten in sein rechtes Ohr gestupst. Schließlich drehte er sich einfach nur um und verschwand mit seinen krummen Beinchen wieder zurück in die Nacht. Lukas starrte ihm verblüfft nach und nahm die Feder, die neben dem Igel auf dem Boden gelegen hatte, mit in sein Zimmer.

Über dem Bett fand er einen guten Platz für sie. Sie sah aus wie eine der Federn, aus der sein Vater ihm einmal daraus eine Indianer-Kette gebastelt hatte.

Er konnte kaum einschlafen, weil er an Stachel denken musste, doch als der Mond schließlich sein Fenster erreicht hatte, und die Feder über dem Bett einen weichen Schatten warf, wurde er müde. Am nächsten Morgen noch dachte er an den Igel, während er in den Bus stieg.

Nicht einmal der lebhafte und stattliche Rabe auf dem Baum gegenüber der Bushaltestelle konnte ihn aus seinen Gedanken reißen.

Der Busfahrer saß am Steuer, beängstigend wie immer, den Blick stur auf Lukas gerichtet.

Lukas fühlte sich plötzlich schlecht, ebenfalls wie immer wenn er den Busfahrer sah.

Doch etwas war heute anders als sonst.

Obgleich es zunächst so wie immer zu sein schien, nahm er mit einem Mal ein Geräusch wahr.

Es war das Quaken eines Frosches, und es schien aus dem Mund des Busfahrers zu kommen, obwohl der seine Lippen doch ganz fest aufeinander gepresst hielt. Das Geräusch klang so lustig und verband sich so perfekt mit dem brummigen Gesicht des Busfahrers, dass Lukas grinsen musste.

Plötzlich hatte er überhaupt keine Angst mehr. Völlig ruhig zeigte er dem Frosch-Busfahrer seine Karte vor. Dann setzte er sich – komplett ohne weiche Knie auf seinen Platz.

Noch kam ihm nicht in den Sinn, dass der Igel etwas damit zu tun haben könnte.

Erst als es in der Schule gerade so weiterging, wusste er, dass der Igel mit seiner kleinen schlabbrigen Nase sein Ohr verzaubert haben musste. Die Deutschlehrerin klang plötzlich wie eine zottige, anhängliche alte Katze.

Er konnte gar nicht mehr verstehen, warum er sich jemals vor ihr gefürchtet hatte.

Vielleicht hatte ihm seine Angst einfach nur einen Streich gespielt. Beinahe kam es ihm nun so vor, als sei sie eine Katze.

Warum auch nicht...Lukas grinste. Der Sportlehrer hingegen klang wie ein sehr zäher, doch schon etwas schwacher Esel, und auch die Bäckerin war eingehüllt in das abgehackte Gurren einer hinkenden und gutmütigen Taube.

Mit einem Mal verstand Lukas, dass die Geräusche ihm zeigen sollten, wem diese Menschen am ähnlichsten waren.

Und weil er sie dadurch weitaus besser einschätzen konnte, verschwand seine Angst vor ihnen wie ein Schneeball, der in der Sonne schnell dahin geschmolzen war. Er verstand nun, dass er keine Angst vor ihnen zu haben brauchte.

Leider war Kai ausgerechnet heute nicht in der Schule. Lukas hätte zu gerne gewusst welches Tier Kai gewesen wäre.

Andererseits könnte es sein, dass er es noch herausfinden würde: Da er am nächsten an Kais Haus wohnte, würde Lukas ihm die Hausaufgaben vorbeibringen müssen.

Aber Lukas hatte es nicht eilig damit.

Er genoss erst einmal, so ganz für sich, dass er keine Angst mehr verspürte.

Als er auf dem Weg nachhause von weitem den Waldarbeiter sah, war seine Angst auf einmal jedoch wieder da.

Das Geräusch, welches den Mann umgab, war das eines Schwarms gereizter Wespen.

Und da begriff Lukas, welch großes Geschenk der kleine Igel ihm gemacht hatte.

Er hatte ihm die Gelegenheit gegeben mit seinen eigenen Ohren genau wahrzunehmen, vor wem es Angst zu haben sich lohnte und vor wem nicht. Lukas dachte, dass auch der Igel vor dem Waldarbeiter abgehauen wäre. Und daher empfand er es nicht mehr als Schande, als er genau dies auch machte.

Er flitzte nachhause was das Zeug hielt. Rennen konnte er nämlich sehr schnell.

In der Klasse gewann er beim Sport immer die Wettrennen. Somit dauerte es auch nicht besonders lange bis er zuhause war. Daheim erzählte er Mama, die gerade mit der Katze spielte, von „Stachel", dem Igel, und von dem Waldarbeiter, der immer so gemein zu seinem Hund war, und vor dem er weggelaufen war.

„Ich finde, dass dieser Igel sehr klug war", sagte Mama - „weil er dir zeigte, wie du dich selbst beschützen kannst!"

Das verstand Lukas. „Ja, manchmal muss man das selbst können - das stimmt", räumte er ein.

Obwohl er wusste, dass das nicht immer etwas nützte.

Doch versuchen konnte man es immerhin.

„Muss noch bei Kai vorbei", erklärte er Mama, die fragend aufsah, weil Lukas sich nur einen Keks geschnappt hatte und wieder auf dem Weg nach draußen war.

„Der war heute krank."

„Bin mal gespannt, was für ein Tier Kai ist", lachte Mama. „Ich erst!" rief Lukas.

Aber unbehaglich war ihm schon. Kai war gemein; es war nicht gerade angenehm mit den Hausaufgaben zu ihm geschickt zu werden.

Andererseits würde es schon spannend sein herauszufinden, welches Tier wohl hinter ihm stand. Von weitem schon, man sah gerade erst das Haus von Kais Eltern, hörte er die Antwort: Es war eine jammernde alte Katze.

Sie hörte gar nicht mehr auf zu jammern und sich zu beklagen. Lukas musste ein wenig grinsen. Das Jammern wurde lauter je mehr er sich dem Haus näherte. Doch da sah er, dass da wirklich eine alte, kranke Katze mitten auf dem Weg saß. Lukas grinste nicht mehr. Besorgt beugte er sich zu der Katze hinunter.

Sie sah nicht sehr krank aus, doch ihm fiel auf, dass ihr Bauch angeschwollen war. Kai saß weiter hinten auf einem Stuhl vor dem Haus und heulte. So hatte ihn Lukas noch nie gesehen. „Was ist denn mit der Katze?", fragte er den laut schluchzenden Kai. „Keine Ahnung, sie hat voll die Schmerzen und niemand ist da. Kein Mensch, der sie zum Tierarzt bringen könnte." Kai wirkte wirklich verzweifelt.
Lukas sah sich die Katze noch mal genau an. Ihr Bauch war so dick als würde sie bald kleine Kätzchen zur Welt bringen.

Andererseits war es eine eindeutig sehr alte Katze. Es war eher unwahrscheinlich, dass ihr Bauch darauf zurückzuführen war. „Seit wann schreit sie so?", fragte er. „Seit heute Morgen, deshalb bin ich ja auch nicht zur Schule gegangen..." Kais Stimme zitterte.
Die Katze erhob sich und versuchte ein Stück zu laufen. Lukas dachte sich, dass es so aussah als wollte sie ihr Geschäft erledigen, könnte es aber nicht.
Sie sah nämlich, abgesehen von dem Bauch und dem lauten Gejammere, das wirklich erschreckend klang, gesund aus. Das brachte ihn auf eine Idee.

„Habt ihr zufällig etwas Öl im Haus, vielleicht Sonnenblumenöl?"

Kai nickte und lief sofort ins Haus. Als er zurückkam, trug er eine Flasche Öl bei sich. „Gut", befand Lukas.

„Wo ist denn ihr Wasserschälchen?" Kai zeigte zaghaft nach rechts an den Gartenzaun, wo ein blaues, halbgefülltes Wassernäpfchen stand.

Lukas nahm es auf, tropfte ein wenig Öl hinein und stellte es dann genau vor die jammernde Katze.

„Das ist richtig gut für dich, glaub mir", sagte er ruhig zu ihr. Vorsichtig steckte die Katze ihre Zunge hinein und begann das Öl und das Wasser herauszuschlecken. Dann verschwand sie humpelnd hinter einen Holzstoß. Kai sah blass aus. „Meinst du, dass das was bringt?" fragte er unsicher. Lukas nickte. „Ich glaub´ schon." Und er behielt Recht.

Kurze Zeit später kam die Katze hinter dem riesigen Holzstoß hervor, streifte Lukas beim Vorbeigehen, schleckte Kai am Handrücken und legte sich schnurrend in die Sonne.

„Hey, danke Mann!" sagte Kai und legte Lukas die Hand auf die Schulter.

„Ich war echt blöd zu dir in der Schule...tut mir voll leid..." Er sah zu Boden, und Lukas merkte, dass Kai das ernst meinte.

„Schon o.k.", murmelte er. Etwas Besseres fiel ihm im Augenblick nicht ein.

„Mein Vater", sagte Kai und nickte mit dem Kopf in die Richtung der Einfahrt.

„Wenn man ihn braucht, ist er nie da." Verachtung klang aus seinen Worten.

„Na ja, aber ihr könntet trotzdem noch beim Tierarzt vorbeifahren, das kann echt nicht schaden", versuchte Lukas ihn noch zu beschwichtigen. Doch der Blick, den Kai in Richtung seines Vaters warf, war noch immer voller Wut. „Ich muss jetzt gehen", sagte er zu Kai und drückte ihm recht eilig die Hausaufgabenblätter in die Hand. „Hätt´ ich fast vergessen, hier", murmelte er noch.

„Alles klar, Mann, und danke!" rief ihm Kai spürbar erleichtert nach. Lukas lief auf direktem Weg eilig zurück nach Hause. Er hatte ja noch etwas vor. „Und, welches Tier war Kai nun", fragte Mama interessiert. „Eine Katze", gab Lukas knapp zurück. Mehr wollte er nicht sagen. Das war zu umständlich, diese Erklärung musste erst einmal reichen.

Außerdem mussten Mütter ja nun auch wirklich nicht alles wissen.

Mama fragte nicht weiter nach. Stattdessen stellte sie Futter auf den Tisch. „Für Stachel!".

Sie gab Lukas eine kleine Schüssel in die Hand.

Lukas öffnete die Flasche, ging auf die Terrasse und füllte die kleine Schale auf.

Und in all der Trauer bemerkte er, dass er auch froh war.

Darüber, dass er plötzlich weniger Angst hatte als in all der Zeit nach dem Unfall, der ihm seinen Vater genommen hatte.

Rüdiger, die kleine Fledermaus, zog ihre Runde um das Haus, als Lukas auf der Terrasse stand.

Etwas raschelte ganz vorsichtig im Laub. Was es war konnte man nicht erkennen.

An diesem Abend sah er Stachel nicht. Auch an keinem der darauf folgenden Abende.

Doch er stellte jeden Abend eine Schale mit Futter an die Stelle, an der ihm der Igel begegnet war.

Lukas wusste, dass er es der Begegnung mit Stachel zu verdanken hatte, dass er jetzt viel weniger Angst hatte.

Und obwohl Lukas ihn durch den gesamten Herbst hindurch nicht wieder gesehen hatte, ahnte er, dass Stachel nicht weit weg sein konnte.

Er spürte es genau, und dann gab es da noch etwas:

Die Schale mit dem Futter war jeden Morgen leer.

Eigene Gedanken

Kapitel 6:
Kierans Geschenke

Kieran hatte damit begonnen Mia Geschenke zu machen. Er brachte ihr alles Mögliche aus dem Wald mit, einmal sogar ein kleines Kettchen. Lukas war sich nicht sicher was er davon halten sollte. Er fand ja, dass Kieran eindeutig sein Freund war. Aber sobald ein Mädchen dazu kam... Andererseits war Mia nicht irgendein Mädchen. Das hätte man wahrlich nicht guten Gewissens behaupten können. Lukas hatte sie damals im Krankenhaus kennengelernt. Im Gegensatz zu ihm war sie immer mal wieder krank gewesen, doch dann hatte dies plötzlich aufgehört, und Mia wurde ganz und gar gesund. Zu der Zeit als Kieran ihr jedoch die kleinen Geschenke und Aufmerksamkeiten brachte, war Mia immer noch zuweilen krank. Konnte es sein, dass Kieran das spürte? Dass er ihr eine Freude machen wollte? Verblüffenderweise wurden seine Geschenke immer „menschlicher", so als würde er darum bemüht sein Mia wirklich kennenzulernen und zu verstehen, was ihr gefiel. Mia allerdings freute sich über eine

Kastanie oder ein Stück Moos ebenso sehr wie über das Kettchen, welches Kieran im Wald für sie ge-funden hatte. Am allermeisten freute sie sich einfach nur darüber, dass er bei ihr war. „Du brauchst mir nichts zu schenken, Kieran", versuchte sie ihm zu erklären. „Am schönsten finde ich es, wenn du einfach nur bei mir bist." Kieran verstand viel, aber das konnte er wohl offenbar nicht begreifen. Er hörte nicht damit auf Mia Geschenke zu machen. Lukas und Mia sahen Kieran oft schon von weitem, wenn er mit etwas im Schnabel auf sie zugeflogen kam, oder aber wenn er etwas suchend über einer Lichtung kreiste. „Soll er selbst entscheiden, ob und was er mir schenken will", lachte Mia fröhlich. Es war offensichtlich, dass sie all diese vielen Aufmerksamkeiten von ihm sehr genoss. „Na ja", dachte Lukas bei sich, „kann man eigentlich gut verstehen." Natürlich verfügte Kieran über keinerlei Zauberkräfte. Er war einfach nur aufmerksam und kümmerte sich um Mia. Doch gerade das war es, irgendwie bin ich davon überzeugt, was ihr zu dieser Zeit am allermeisten half. Lukas dachte an das erste Treffen mit Mia außerhalb des Krankenhauses zurück.

Sie hatten damals alle gemeinsam Weihnachten gefeiert. Auch Oma war gekommen, Mias Mutter und Manfred, der Freund ihrer Mutter, und vor allem Gustav, Mias Opa. Lukas erinnerte sich so gut daran. Seiner Oma hatte Gustav ebenfalls gut gefallen, was damals nicht zu übersehen gewesen war. In die Zeit, in der Kieran Mia besonders viel Aufmerksamkeit schenkte, fiel auch der Tod ihres Großvaters. „Weißt du Lukas", hatte Mia einmal gesagt.

„Die Menschen beginnen einen zu meiden, wenn jemand aus deiner Familie gestorben ist. Sie wissen dann, glaube ich, nicht mehr so genau was sie sagen sollen." Kieran sagt ja auch nichts, dachte sich Lukas daraufhin. Er war einfach nur da und bemühte sich unaufhaltsam darum, Mia mit irgendetwas eine kleine Freude zu machen. Wie so häufig fand Lukas, dass Kieran klüger war als so mancher Mensch. Mia fand das auch. Doch war sie ab und an zu höflich, um so etwas laut aus-zusprechen. Ja, sogar die freche Mia gab nicht zu allem ihre Meinung kund.

Doch Lukas wusste trotzdem was sie dachte.

Eigene Gedanken

Kapitel 7: Kai und Maxime

Alle sagten Maxime, Kais alter Katze, mittlerweile den baldigen Tod voraus. Nur Lukas und Mia hielten sich zurück. Zum einen war es ohnehin offensichtlich, zum anderen wollten sie ihren Freund Kai nicht noch zusätzlich traurig machen. Sie wussten nämlich genau wie sehr Kai an seiner Katze hing. Besonders in den Tagen nachdem seine Mutter die Familie über Nacht verlassen hatte und weggegangen war, hatte ihn nur noch Maxime erreichen können. Heimlich hatte er sie ins Bett gelassen. Er wusste, dass sein Vater nicht davon begeistert war, wenn ein Tier mit im Bett lag, doch Maxime lag so ruhig und sanft auf seinen Beinen, am Fußende zusammengerollt, wie ein Zimtkringel und dabei ganz leise schnarchend, so dass es Kai niemals übers Herz gebracht hätte sie an einer anderen Stelle schlafen zu lassen. Doch nun, da Maxime alt und krank geworden war, wollte sie nicht mehr auf dem Bett liegen. Aus irgendeinem Grund zog sie es vor alleine draußen, in der eisigen Kälte zu schlafen, und niemand, auch nicht Kai, konnte sie davon abbringen.

Er hatte einmal gehört, dass Tiere zum Sterben nach draußen gingen, und da es anscheinend ihr Instinkt und ihr Wunsch war, wollte er sie nicht davon abbringen. In den Nächten, in denen Maxime nun nicht mehr auf seinen Beinen schlief, konnte Kai kaum Schlaf finden. Noch vor dem Frühstück ging er nach draußen, um nach Maxime zu suchen, wobei er jedes Mal davon überzeugt war, dass er sie nur noch tot auffinden würde. Allerdings, zu seiner Freude und auch zu seiner Überraschung, lebte Maxime noch immer und ließ sich, wenigstens zum Fressen und zum Aufwärmen, von ihm ins Haus bringen. In den Nächten kam es ihm trotzdem so vor, als sei sie bereits gestorben, was ihn sehr mitnahm. Plötzlich jedoch hörte er ein vertrautes, leises Kratzen an seiner Balkontür. Maxime! Er öffnete ihr, und mit einem Satz sprang sie, obgleich sie so dünn und hinfällig erschien, auf ihren alten Stammplatz. Kai konnte sein Glück gar nicht fassen. Er lauschte auf ihr leises Schnarchen, fühlte ihren leicht gewordenen, kleinen Körper auf seinen Füßen und dachte sich: „Ja, sie wird bald sterben. Da führt leider gar nichts dran vorbei.

Aber jetzt, genau jetzt ist sie noch bei mir." So glücklich wie schon lange nicht mehr schlief er ein. An einem der letzten Tage des Winters dann war es Lukas, Kais Freund, der ihm dabei half Maxime in eine Decke zu wickeln und zu seinem Vater zu bringen. Sie war tot. „Hör mal Kai", sagte sein Vater, „Maxime hatte ein sehr langes, wunderbares Katzenleben."

Lukas sagte nichts. Er wusste genau, dass in solchen Momenten alles, was man nur sagen konnte, ziemlich wenig half. Aber noch im Winter, am Tag, an dem Maxime gegangen war, fasste Lukas den Entschluss, sich im Frühjahr mit Kai auf die Stufen vor dem Haus zu setzen. Dort, wo Maxime immer am liebsten gewesen war. Dort würden sie an sie denken. Doch das sagte er ihm jetzt noch nicht. Das würde nicht passen. Ein Freund wusste so etwas. Und deswegen sagte er gar nichts, und half Kai dabei, den kleinen, hellen Grabstein - mit der Katzenpfote drauf- für Maxime zu beschriften und zu verzieren.

Nun war nichts mehr wie vorher. Kai suchte sie überall. Obwohl er wusste, dass sie nicht mehr kommen würde, nicht mehr kommen konnte, suchte er sie automatisch an den Plätzen, an denen sie sich im Leben so gerne aufgehalten hatte. Unter der Hecke, an der Mauer vor dem Haus, unter dem Treppenabsatz. Doch keine Maxime. Wenn er im Laden am Katzenfutter vorbeilief, schnürte es ihm die Kehle eng zusammen, und nachts glaubte er manchmal ihre kleinen Schritte zu hören, wenn ihre Krallen auf der Metalltreppe so ein Geräusch machten. Er glaubte sie maunzen zu hören oder schnurren.

In den Nächten träumte er von ihr, und dann war sie wieder gesund und lebendig. Doch wenn er aufwachte, dann wusste er: Maxime war für immer fort.

Das war etwas Unvorstellbares, und es kam ihm so vor, als würde niemand so richtig verstehen können wie es ihm ohne Maxime ging. Egal was die Leute auch zu ihm sagten. Es gab keinen Trost für ihn. Er musste daran denken was einige über sie gesagt hatten, als sie krank wurde und nicht mehr hübsch aussah.

Sie hatten sie beleidigt, sie hatten seine Katze, seine Maxime beleidigt. Jetzt lag sie unter der Erde in Mias schönstes Tuch eingehüllt.

Es war ein rosarotes Tuch mit bunt bestickten Blumen darauf, und Maxime hatte so friedlich ausgesehen und auf einmal wieder so hübsch.

Wenn er darüber nachdachte, dann war Mias Tuch der größte Trost für ihn gewesen. Das Wissen darum, dass Mia etwas hergegeben hatte das ihr selbst am liebsten war – für Maxime. Wenn er an dieses Tuch dachte, dann fühlte er sich wenigstens ein klein bisschen wohler.

Kai hat es niemanden erzählt. Doch in einer Nacht, in der seine Trauer im Maxime so groß wurde, dass er vor Traurigkeit nicht mehr ein noch aus wusste, da spürte er etwas Warmes in der Nähe seines Kopfes, und er hörte ein leises Schnurren.

Etwas von ihr war da gewesen und hatte ihn besucht. Doch das war nur etwas zwischen ihm und ihr.

Eigene Gedanken

Kapitel 8: Kai und Euklesophos

Lukas konnte es schwer ertragen seinen Freund Kai so traurig zu sehen. Ob er ihm vielleicht einfach die Geschichte von Euklesophos erzählen sollte? Lukas war sich nicht sicher. Er wollte sich eben ungern blamieren. Was, wenn Kai die Geschichte für Kinderkram hielt? Klar, Mia hatte er sie erzählen können. Aber Kai war nicht Mia, er war ein ganz anderer Typ Mensch. Andererseits gingen Lukas die Ideen aus. Er wollte unbedingt etwas unternehmen´, um Kai wieder aus seinem Loch herauszuholen. Also nutzte er einen der Tage auf dem Katzenfelsen, um ihm davon zu erzählen. Sogar von Mias Eiskönigin erzählte er und davon, dass nichts verloren geht. Kai hörte sich das alles an, fand die Geschichte gar nicht schlecht, meinte dann aber, dass er nicht wüsste, ob er an so etwas glauben könnte. „Ich weiß nicht", meinte er, „ob es mir so wichtig wäre alle wiederzusehen." Er dachte nach und sagte dann: „Vor allem ist es mir wichtig, dass sie überhaupt da waren. Weißt du, was ich meine?" Lukas nickte. „Ja, ich glaube schon."

„Manchmal", erzählte Kai, „stelle ich mir einfach vor, dass die Zeit zurückgedreht wurde, und Maxime noch da ist.

Dann zählt nur dieser Augenblick, in dem ich mich an ihn erinnere, und das hilft mir dann über den Tag zu kommen, irgendwie."

Lukas wusste nicht was er antworten sollte. Kai rückte nicht oft mit solchen persönlichen Dingen heraus.

Er wollte nichts durch ein paar unbedachte Worte kaputt machen und überlegte krampfhaft was er sagen sollte.

„Entspann dich", meinte Kai. „Jeder macht das so wie es für ihn gut ist, oder?"

„Ja", antwortete Lukas.

„Der Moment, an dem einem klar wird, dass es eine Erinnerung ist, der ist mit Abstand der schlimmste", ergänzte Kai noch.

„Doch man kann sich dagegen gut absichern."

„Wie denn?", wollte Lukas wissen.

„Indem man dann trotzdem einfach mit den Gedanken wieder dorthin zurückgeht", erklärte ihm Kai.

„Auch wenn man weiß, dass es eine Erinnerung ist….trotzdem, weißt du, trotzdem.
Du kannst diese Erinnerung abkoppeln und dadurch schützen. Sie ist dann das, was zählt"
Lukas nickte.

Das konnte er sich gut vorstellen.

Er nahm sich vor das gelegentlich selbst einmal auszuprobieren.

Bevor er etwas darauf antworten konnte, wollte Kais Hund, Räuber, ihre ganze Aufmerksamkeit, was Lukas aber nicht im Geringsten störte.
Er dachte an seine Freundin Mia und an den Wind, der ihn jedes Mal an Mia denken ließ, an die Eiskönigin, den Zauberer, aber auch an Kais Erinnerung. Dabei dachte er an all das, was zählte, während Räuber dem Stock nachjagte, den Kai für ihn geworfen hat.

Räuber wirkte so glücklich, Kai nun endlich auch ein wenig.

Wenigstens für den Moment. Und das war ein gutes Gefühl.

Eigene Gedanken

Kapitel 9:
Lukas macht Kleinholz

Im Nachhinein wusste Lukas selbst nicht mehr, wie das alles hatte passieren können.

Normalerweise passte das alles nicht zu ihm, doch heute sah das anders aus. In der Schule hatte es begonnen. Er konnte sich noch nicht einmal daran erinnern, was überhaupt passiert war, doch plötzlich kam es zu einem Streit und Lukas, der sonst so friedlich war, nahm einen Stuhl und zertrümmerte ihn auf dem Tisch.

Frau Maida, die Klassenlehrerin, versuchte ihn aufzuhalten, doch es gab an diesem Tag bei Lukas kein Halten. Er warf den Mülleimer um, trat gegen den Lichtschalter und zerfetzte sein Biologiebuch.

Dann öffnete er das Fenster, das glücklicherweise nur im ersten Stock lag, hechtete mit einem Satz aus dem Fenster und rannte in Richtung Wald davon. Sein Herz klopfte wie verrückt, seine Augen brannten und seine Lunge schmerzte. „Komm zurück!" schrie er, außer sich vor Zorn, in den Wald hinein. „Komm sofort zurück!" Kai, der ihm gefolgt war verhielt sich still. Er hielt nach Kieran Ausschau. Offenbar war er es, den Lukas suchte. Doch verstand er nicht was plötzlich in Lukas gefahren war. Kieran war doch zurückgekehrt! Lukas hatte es ihm selbst erzählt. Fieberhaft dachte Kai nach und überlegte was er tun sollte. Lukas war gerade dabei, einem Strauch die Äste abzuknicken. Das passte überhaupt nicht zu ihm... Kai verstand es einfach nicht. Er fühlte nur wie riesig diese Wut war und mit einem Mal wusste er es. Lukas machte Kleinholz weil er seinen Vater so vermisste. Er schlug alles kurz und klein. Seine Wut und seine Trauer waren so mächtig wie ein großes, mächtiges Feuer und Kai stand da, außerstande etwas zu tun. Dann, als Lukas Bewegungen schließlich langsamer und zunehmend auch erschöpfter wurden, traute er sich aus seinem Versteck. „Was willst du hier!", brüllte ihn Lukas an, dann, plötzlich begann er zu weinen. Kai nahm ihn in den Arm. Es wäre ihm sogar egal gewesen wenn jemand das gesehen hätte. Lukas weinte und weinte bis Kais dicke Jacke sich an

der Schulter irgendwie ganz aufgeweicht anfühlte. Endlich, als sei nichts gewesen, gingen
sie in davon. Nebeneinander, bis hin zu Lukas´
Haus. „Bis morgen, Lukas", sagte Kai ganz
ruhig. „Bis morgen, alles klar", antwortete
Lukas, dann verschwand er im Haus. Katze
wartete schon auf ihn. Er stellte ihr eine
Schüssel mit Futter hin. Dann wurde er müde.
So müde wie noch nie in seinem Leben. Als
seine Mutter abends von der Spätschicht kam,
schlief er bereits. Auf dem Anrufbeantworter
fand sie die besorgte Stimme seiner Klassenlehrerin vor. Katze sah sie an, dann Lukas und
drehte sich einmal um sich selbst.

Die Klassenlehrerin hatte um einen Rückruf
gebeten. Lukas´ Mutter rief zurück. Doch an
jenem Abend nicht. An jenem Abend saß sie
die ganze Nacht an Lukas Bett und bewachte
seinen Schlaf. Sie fragte ihn auch am nächsten
Morgen nicht was in der Schule vorgefallen
war. Warum auch? Sie kannte die Antwort
selbst. Später, als ihr die Lehrerin alles erzählt
hatte, sagte sie nur, dass sie selbst auch gerne
einmal alles zerschlagen hätte.

Vor allem in den Tagen nach dem Unfall. Einmal hatte sie

sogar das Hochzeitsgeschirr auf den Boden geworfen und sich danach beim Zusammenfegen an den Scherben geschnitten.

Doch auch das hatte sie für sich behalten. Lukas sprach ebenfalls nicht wieder von dem Vorfall.

Niemals wieder machte er Kleinholz. Zumindest nicht so wie an jenem Tag. Auf die eine oder andere Art schon. Doch Kai war nun sein Freund. Und der passte auf, wenn Lukas gerade mal wieder etwas Kleinholz machen musste. Es gab jedoch zum Kleinholzmachen aber auch noch einige Alternativen. Eine davon war die Rennbahn, die Kai für ihre Fahrräder gebaut hatte. Philipp, ein Junge, der mit seinen Großeltern für eine Weile zu Besuch in Lukas´ Wald war und in einer Pension in der Stadt wohnte, sollte der Schiedsrichter sein.

Kai hatte ihn bei einem Fußballspiel in der Stadt getroffen, wo er, obwohl er nur Gast war, kurzfristig gegen einen Spieler ausgetauscht wurde. Die gesamte Ersatzbank war nämlich auf einem Schulausflug in das städtische Planetarium, was Kai zuerst ziemlich geärgert hatte.

Dann, nachdem er sich von Philipps Qualitäten persönlich hatte überzeugen können, war allerdings auch für Kai wieder alles geritzt.

Und so hatte er, nach dem dritten Tor durch Philipp, nicht mehr gezögert ihn zu sich und Lukas in den Wald einzuladen. Die Rennstrecke war unglaublich gut gebaut und führte um einen Weiher, der sich auf einer Lichtung im Wald befand. Philipp, mit einer Schere, Stopp-uhr und einer Trillerpfeife ausgerüstet, gab das entscheidende Signal und schnitt das Zielband durch. Lukas und Kai gaben alles.

Zunächst sah es so aus als könnte Kai seine Führung halten, doch Lukas legte sich riskanter als er in die Kurven und konnte so wertvolle Zeit gewinnen. Philipp feuerte beide lauthals an. Er wollte seine Stellung als unparteiischer Beobachter nicht aus Spiel setzen. Insgeheim war er für Lukas, obwohl er Kai auch mochte. Die Jungs wurden bei jeder Umrundung schneller und schneller. Lukas kam es so vor, als könne er fliegen – und Philipp traute seinen Augen kaum: Er flog tatsächlich. Mit weit ausgebreiteten Armen und einem lauten Schrei war Lukas mitten im Weiher gelandet.

Kai war vor Lachen vom Rad gefallen und Philipp blies entschieden in seine Pfeife, um das Spiel abzubrechen, bevor er Lukas zu Hilfe kam. Ziemlich begossen krabbelte dieser aus dem Weiher – von oben bis unten durchnässt. „Es war wwwwunderbar, Philipp", bibberte er.

„Hast du gesehen? Ich konnte fliegen!" Philipp war einigermaßen beeindruckt, doch Kai begann sich schon wieder Sorgen zu machen. „Wir müssen Lukas jetzt unbedingt trockene Klamotten besorgen, bevor seine Mutter was merkt." Er überlegte. „Gut, dass du da bist Philipp", meinte er dann. „Du bist eindeutig unsere Rettung!". „Wieso ich?" fragte Philipp etwas ratlos. „Na ist doch klar", erklärte ihm Kai. Ich lenke Lukas´ Mutter an der Haustüre ab und frage sie ein paar Sachen, während du hoch in Lukas Zimmer kletterst, um ihm trockene Klamotten zu holen." Philipp war sofort dabei. Im Klettern kannte er sich aus. Und wenn Kais Pläne auch nicht immer klappten – in diesem Fall taten sie es, was nicht nur seinen eigenen verbalen Ablenkungsmanövern, sondern auch Philipps enormen Klettergeschick zu verdanken war.

Mit einem Satz war er in Lukas´ Zimmer, suchte sich eine Hose, ein Hemd und trockene Schuhe, für alle Fälle sogar noch einen Schal, Boxershorts und frische Socken sowie eine Mütze zusammen.

Den Kopfkissenbezug nicht zu vergessen! Den brauchte er als provisorisches Handtuch. Das musste Lukas später eben selbst irgendwie seiner Mutter erklären. Hauptsache war, dass er sich abtrocknen konnte. Philipp packte also erst einmal alles in diesen Kopfkissenbezug, was ein perfektes Bündel und sehr griffig war.

Niemand konnte behaupten, dass jemand wie Philipp nicht wüsste, worauf es ankäme. Er sah sich kurz um, wartete auf das Signal von Kai und ließ sich dann wieder den Baum herab, auf dem er hochgeklettert war. „Ich schaue dann später nochmal nach Lukas", hörte er Kai noch zu Lukas´ Mutter sagen, und schon waren sie unterwegs. Lukas erschien nur eine Stunde später, trocken und sauber, so als sei nichts passiert bei sich zuhause. Das Rad hatten sie sicherheitshalber bei Kai untergestellt, den Kopfkissenbezog weichten sie im Waschbecken ein, das auch sofort bräunlich verfärbt aussah.

Kai seufzte und ließ neues Wasser nachlaufen, bis sich die dunkle Brühe langsam aufklärte.

Es würde vermutlich nochmal eine Stunde dauern, um jede einzelne Speiche vom Lehm zu befreien. Kai war sich sicher, dass es von Vorteil sei, lieber alle Spuren zu verwischen und das war Ehrensache für ihn. Er erledigte diese Arbeit ganz alleine, während Philipp sich um die alte Katze und um Tiffy, den Hamster kümmerte. „Hey, du kannst echt öfter hierher zu Besuch kommen", meinte Kai freundlich zu ihm. Er mochte Philipp. „Klar, total gerne", antwortete dieser, während die Katze sich an ihn drückte. „Kommst du auf dem Rückweg noch einmal bei Lukas mit vorbei?"

Philipp fand, dass das gut klang. In der Eile vorhin hatte er nämlich weder Stachel noch Kieran gesehen. Von beiden hatte er schon viel gehört, so dass er kein zweites Mal gefragt werden musste. „Natürlich", gab er zurück. Auf dem erneuten Weg zu Lukas´ Haus glaubte er von weitem bereits Stachel, den Igel, in den Blättern am Boden rascheln zu hören. „Warte mal ab, bis du Kieran siehst", versprach ihm Kai. Und tatsächlich. Als Lukas ihnen entgegen kam, saß Kieran auf seiner Schulter.

„Es ist schon spät geworden, Philipp", stellte Kai nach einer Weile fest. Am besten begleiten wir doch noch ein Stück. Sonst gehst du uns noch verloren." Nötig wäre das nicht gewesen. Philipp fand sich überall zurecht, doch so ein nettes Angebot lehnte er natürlich nicht ab. Und so brachten ihn Lukas, Kai und Kieran sicher zurück. Die größte Ehre von allen war, dass Kieran, auf dem letzten Stück des Weges auf Philipps Schulter Platz nahm.

„Hey, er mag dich total", grinste Lukas. „Aber ist ja auch kein Wunder!" Komm bald wieder mal vorbei, okay?" Das versprach Philipp gerne. Das mit dem Fahrradrennen hat Kai dann aber für die Zukunft anders aufgezogen.
Er wollte ein paar Hindernisse einbauen, um die Geschwindigkeit zu begrenzen. „Ist ja nicht nötig, dass du jetzt auch noch wie Kieran in der Gegend herumfliegst", meinte er zu Lukas.
Lukas lachte. Ja, eigentlich war er auch nicht gerade darauf aus, so eine Erfahrung zu wiederholen. Obwohl, so zu fliegen...
Irgendwie war es ja schon etwas gewesen"

„Hör schon auf!", ermahnte ihn Kai. „Ich bin dann noch der Blöde wenn was passiert."

„Dein Kopfkissen sieht immer noch aus wie Wildschwein. Drei Mal hab ich Waschmittel reingekippt, und sogar Weichspüler, aber da tut sich nichts!" „Und wer hat jetzt denn eigentlich das Rennen gewonnen?", wollte Lukas schließlich noch wissen. „Da müssen wir Philipp fragen, ist doch klar", wies ihn Kai zurecht. „Da bist du jetzt aber ein bisschen spät dran!", „Macht doch nichts", antwortete Lukas. „So wie ich die Lage nämlich einschätze, besucht er uns bald wieder. Und dann fragen wir ihn einfach." „Meinst du doch auch Kieran, oder?" Kieran legte seinen Kopf in den Nacken, plusterte sein wunderschönes Gefieder auf und krächzte laut. „Ich glaube, das heißt Ja!" war sich Lukas sicher. Kieran irrte sich nämlich nie. Das Kopfkissen, niemand wusste so recht warum, wurde allerdings nicht wieder sauber. Und trotz des Weichspülers roch es komisch. Vielleicht war es vorher einfach zu weiß gewesen. So einen Vorsprung kann man nie wieder einholen, das wusste Kai genau.

Kai beschloss daher also, es als Segel für das Floß zu nehmen, das er vorhatte zu bauen.

Lukas fragte gar nicht erst nach wie Kai sich das vorstellte, auf einem so kleinen Weiher und dann auch noch ohne Wind zu segeln. Er konnte sich schon denken, dass solche Kleinigkeiten Kai nicht aus dem Konzept bringen würden. Das Kopfkissen, einst weiß, hatte jetzt die Farbe von Mamas Morgen-kaffee, wenn sie besonders viel Milch hin-eingetan hatte. Kai hatte einen Raben auf das Segel gemalt. „Toll", murmelte Lukas, noch etwas gequält. Besonders gut konnte man den Raben auf dem Segel zwar nicht erkennen, von Weitem sah es eher aus wie ein einziger, schwarzer Fleck, aber Kai betonte, dass man sich schon ein wenig mehr Mühe geben müsse mit dem Hinschauen.

Und tatsächlich – die weich glänzenden Federn, der kräftige Schnabel: Niemand anders als Kieran konnte das sein. Und Kieran, anders war es ja auch kaum zu erwarten gewesen, sah das ganz genauso. Er umkreiste das Floß als erster.

Kai hatte sich, wie immer wenn er sich etwas vornahm, mächtig ins Zeug gelegt und das Floß in weniger als fünf Tagen fertiggestellt.

So ganz vertrauenserweckend sah es zwar nicht aus, doch Lukas wollte nicht immer nörgeln. Vor allem nicht, als die Fahne, auf der Kieran festlich abgebildet war, auch noch so abenteuerlich im Wind flatterte. Sogar der Wind spielte mit wenn Kai sich das in den Kopf gesetzt hatte. „Sollen wir schauen, ob Philipp noch in der Stadt ist?" wollte er von Kai wissen. „Hab ich längst schon überprüft", grinste Kai siegessicher. „Er macht nämlich nachher die Schiffstaufe, also Floßtaufe, natürlich."
Lukas war beeindruckt. Philipp würde das sicher einwandfrei hinbekommen und er freute sich auch darauf, ihn wieder zu sehen.
Das Floß sollte eine seriöse Taufe bekommen, und Philipp war da auf jeden Fall der Richtige. „Hey, Klasse!" Lukas klopfte ihm anerkennend auf die Schulter. Kai kümmerte sich tatsächlich um alles. „Ich hab auch noch ein paar andere Leute eingeladen, soll ja schon irgendwie etwas offiziell sein. So ein geniales Floß im Waldsee....oder?" Kai sah so aus, als wäre er sehr stolz auf sich. „Wer kommt denn noch?", wollte Lukas wissen. „Na, ein paar Jungs vom Fußball und deine Mutter hab ich natürlich schon einladen müssen", räumte Kai ein.

„Das ist ja Familie und gehört sich irgendwie." Er kratzte sich den Kopf. „Mein Vater kommt auch, Hat er wenigstens versprochen." „Ich hab sogar Limo besorgt, und Chips". Kai hatte wirklich an alles gedacht. Soviel zumindest stand fest.

Zwar fand er den Waldsee ein wenig klein für Floßfahrten, aber man konnte ja auch Anker werfen. Kai freute sich viel zu sehr, und Lukas wollte ihm das auf keinen Fall verderben.
Also sagte er nun erst einmal nichts mehr. Er malte sich nun vielmehr den Augenblick aus, in dem seine Mutter das Segel mit dem schwarzen Fleck, beziehungsweise dem Bild mit Kieran darauf sehen, und schließlich verstehen würde, was mit dem Kopfkissen passiert war.

Irgendwie hatte ihm bisher die Zeit gefehlt es ihr zu sagen. Andererseits: So toll wie es da im Wind flatterte, da musste sie doch einfach stolz drauf sein. Anders konnte das gar nicht ablaufen.
Kieran umschwirrte das Floß noch immer aufgeregt krächzend, während sich die ersten Gäste näherten.

Eigene Gedanken

Kapitel 10: Lukas und Ruby

Im ersten Frühjahr nach Kierans Erscheinen fühlte sich Lukas so gut wie noch nie zuvor. Zumindest konnte er sich nicht daran erinnern jemals so unbeschwert gewesen zu sein.

Erst vor ein paar Tagen hatte er der Eule Gerda, die, seit Kieran bei ihm war oft vor seinem Fenster saß, mit ihrer verletzten Kralle geholfen, und nun konnte er ihre Schönheit bewundern, wenn sie mit weit ausgebreiteten Flügeln durch den Nachthimmel schwebte.

Er konnte sich nicht entscheiden, ob ihm ihr Flugstil oder der von Kieran besser gefiel.

Aber andererseits war das auch gar nicht so wichtig. Beide waren auf ihre Art schön.

Kai war ein echter Freund geworden.
Erst neulich, keine fünf Tage her, hatte er ihm einen alten, kleinen Weltempfänger, ein ganz besonderes Radio, für sein Baumhaus ge-schenkt. Und er hatte ihn beim Armdrücken geschlagen. Zuerst hatte er befürchtet, dass Kai ihn absichtlich hatte gewinnen lassen, doch

Kai schwor ihm, dass das nicht wahr sei. Hinterher fühlte sich alles an ihm gut an. Der Arm war ganz locker und diese Lockerheit war nun in seinem gesamten Körper angelangt.

Auch Mama schien viel fröhlicher als sonst. Deshalb hatte er ihr ein Bild von Gerda und Kieran gemalt.

Mama hatte es im Wohnzimmer aufgehängt und dabei hatte sie gelächelt.
Das mochte er. Es war so selten geworden. Noch im letzten Herbst war sie oft von so großer Traurigkeit erfüllt gewesen, dass sogar die Katze sich ratlos neben sie gesetzt hatte, um ihr, mit eingezogenen Krallen, mit der weichen Pfote über das Gesicht zu wischen, was wohl so etwas wie ein tröstendes Streicheln sein sollte.
Aber dann hatte sie sich aufgerafft und begonnen, ihm die Geschichte des Zauberers Euklesophos zu erzählen.

Euklesophos war ein ganz besonderer Zauber. So ist er seit alter Zeit, bis heute, der einzige Zauberer, dem es tatsächlich gelungen war zwischen den Welten zu wandern.

Da es Menschen nicht gestattet war, von der *Einen Welt* zu der *Anderen* zu wandern, bediente sich Euklesophos einer List.

Er hatte die Gestalt einer Eule angenommen und war aus der Welt der Lebenden in die Welt der Seelen geflogen.

Was er dort sah hatte ihn in großes Erstaunen versetzt.

„Hätte ich das vorher gewusst", so soll er gesagt haben, „so hätte ich keine Sekunde Angst vor dem, was man „Tod" nennt, gehabt."

So gut gefiel es Euklesophos in der Welt der Seelen, von denen er viele seiner Freunde und Verwandten wieder erkannte, dass es ihm überaus schwer fiel, wieder in die Welt der Lebenden zurückzukehren.

Der lange Weg zurück war zudem weitaus beschwerlicher, als es der Weg dorthin jemals sein konnte.

Doch er tat es dennoch, um den Menschen die Angst vor dem Tod zu nehmen.

Er erzählte ihnen von den bunten Gärten, die direkt vor dem Land der Seelen und hinter dem schimmernden Land der Schneekönigin lagen, und in denen Vögel lebten in Farben, die man nie zuvor gesehen habe.

Von der wunderbaren, angenehmen Wärme in diesen Gärten erzählte er, und wie sie in das Land der Seelen mündeten. „Sobald man die Gärten gesehen hat", versicherte Euklesophos, „versteht man all das, was man auf Erden nicht verstehen konnte, erst hier setzt sich das ganze Bild zusammen und ergibt einen Sinn."

Dann sagte er noch, dass das Leben ein rätselhafter Traum sei, und dass alles, aber auch wirklich alles, miteinander zu tun habe. Verstehen würde man das, sobald man die Gärten gesehen habe.

Viele glaubten ihm nicht. Zugegeben: Es klang auch recht unwahrscheinlich, dass sich ein Mensch, selbst wenn er ein Zauberer war, in eine Eule verwandeln und dann auch noch den Weg zu der Welt der Seelen hin und wieder zurückgelegt haben sollte, nur um den Menschen die Angst vor der anderen Welt zu nehmen. Euklesophos war darüber so traurig geworden, dass er die Gestalt der Eule wieder angenommen und sich in den Wald geflüchtet hatte. Dort erzählte er den Tieren vom Land der Seelen.

Die Tiere, denen Trauer nicht fremd war, glaubten Euklesophos, denn sie spürten, dass er die Wahrheit sprach.

Jedoch gefiel ihnen nicht, dass der Zauberer eine so große Sehnsucht nach dem Land der Seelen hatte, in dem alles so viel schöner, so viel friedlicher und farbenvoller sein sollte als hier auf der Erde. „Euklesophos", sprach der Rabe Korax, welcher der Klügste und Älteste unter den Raben des Waldes war: „Es ist schön, dass wir alle keine Angst vor dem Land der Seelen haben müssen. Doch sollte uns dieses Wissen nicht beruhigen und dafür sorgen, dass wir auch das Leben hier leben sollten, so traurig - aber auch so schön, wie es ist?"

Euklesophos, der weise war und daher immer genau zuhörte, nahm sich die Worte des Raben zu Herzen.

Und der Rabe Korax gab ihm, damit er seine Worte nicht mehr vergessen sollte, eine seiner Federn. Euklesophos lebte noch viele Jahre im Wald und auf den Lichtungen, und man erzählte sich, dass er das Leben, auch in dieser

Welt, ganz außerordentlich genossen haben soll.

Ein Baum im Wald zeugt noch heute von Euklesophos. Lukas hatte damit begonnen die Geschichte von Euklesophos, die ihm Mama erzählt hatte, aufzuschreiben. Sie gefiel ihm.

„Ich hätte Euklesophos echt sofort geglaubt", dachte er sich häufig.

Und er mochte den Gedanken, dass auch Euklesophos eine Rabenfeder besessen hatte. Denn auch er trug Kierans Feder immer bei sich. Jeden einzelnen Tag.

Sobald er sich ängstlich fühlte, oder traurig, berührte er den weichen Flaum, tastete sich am starken Kiel der Feder herab und fühlte sich sicherer.

Sicherer und weniger allein.

Er dachte auch an die farbigen Vögel in den wunderbaren Gärten und er fragte sich, wie sich ihre Federn wohl anfühlten.

Wenn Lukas nun erwachte, fühlte er sich nicht mehr so bedrückt wie noch im Herbst, bevor er dem Igel Stachel und Kieran, dem Raben, begegnet war.

Oft freute er sich nun sogar auf den neuen Tag, wenn er die Augen aufschlug. Besonders dann, wenn, wie heute, auch noch die Sonne direkt auf sein Gesicht schien, noch vor dem Aufstehen. An solchen Tagen fühlte sich die Welt so gut an.

Es hätte also sein können, dass dieser Frühlingstag ein besonders schöner, ein ganz und gar sorgenfreier Tag für Lukas hätte werden können.

Doch das Schöne und das Traurige liegen manchmal gar nicht so weit auseinander.

Nachdem er das Haus verlassen hatte, um in die Schule zu gehen, hörte er ein verzweifeltes Fiepen irgendwo im näheren Umkreis.

Er setzte den Schulranzen ab und begann zu suchen.
Es dauerte nicht lange, und er fand einen kleinen, verletzten, zerrupften und dabei völlig blutverschmierten Raben.

Lukas sah mit einem Blick, dass er ihm nicht mehr würde helfen können.

Er nahm ihn jedoch vorsichtig aus dem noch taunassen Gras und legte ihn behutsam auf einen Baumstamm.

Dann setzte er sich ruhig daneben und sprach ganz leise und sanft mit dem kleinen Vogel. Wenn dieser schon sterben musste, so sollte er nicht allein sein.

Der kleine Vogel sah ihn an. Er schien keine Angst vor Lukas zu haben, im Gegenteil, es schien ihn tatsächlich zu beruhigen.

Lukas vergaß alles um sich herum. Er sah nur noch den kleinen Raben, der zunehmend schwächer wurde.

Tränen liefen Lukas über das Gesicht, doch er zwang sich dazu, weiterhin ruhig und sanft mit dem kleinen Vogel zu sprechen. Er sollte einen friedlichen und ruhigen Tod haben können. Plötzlich stand Mama hinter ihm. „Luki", sagte sie, ihre Stimme zitterte, „was ist mit dem Raben?"

Lukas drehte sich zu ihr um, und sie sah an seinem Gesicht wie es um den kleinen Raben bestellt war. Ohne weiter etwas zu sagen ließ sie sich neben ihm ins Gras sinken.

Gemeinsam wachten sie bei dem Raben bis es vorbei war. Auch Mama weinte still. Doch das war jetzt gerade im Moment nicht wichtig. Wichtiger war ein besonders schönes Vogelgrab für ihn zu schaffen. Mama hatte den gleichen Gedanken.

Zusammen gingen sie ins Haus.

Mama suchte einen mit bunten Blumen bedruckten kleinen Karton heraus, den sie mit Servietten auskleidete.

Für einen nachdenklichen Moment nahm sie die halbangefangene Laterne, die neben den Kartons auf dem Schrank stand, in die Hand. Lukas wusste es nicht, er sah nur etwas Helles über ihr Gesicht huschen, das der Abglanz der Sonne hätte sein können, doch das war der Augenblick, in dem Mama beschloss, dass sie diese Laterne mit ihm fertig stellen würde. Sie fand, dass es nun an der Zeit war – selbst wenn Lukas mittlerweile zu groß war um an einem Laternenumzug teilzunehmen.

Als sie das Haus wieder verließen, sahen sie, dass der kleine tote Rabe Gesellschaft bekommen hatte.

Krakan, ein größerer Rabe saß direkt neben ihm und krächzte laut und aufgeregt in den Wald hinein.

Was dann geschah, hatten weder Lukas noch seine Mutter jemals zuvor gesehen. In kürzester Zeit füllten sich die Bäume rund um den Baumstamm, auf dem der kleine Rabe lag, mit all den Raben des Waldes. Sie alle waren gekommen um den kleinen Raben zu beklagen. Auch Kieran war unter ihnen.

Es war unheimlich und doch auch von großer Feierlichkeit. Sie saßen eine lange Zeit da und ihr Krächzen klang bis weit in den Wald hinein. „Warum hab ich ihm denn bloß nicht helfen können?" weinte Lukas. Und Mama weinte auch. Doch plötzlich war da Stachel.

Er saß einfach neben der Futterschale auf der Veranda. Diesmal zischte er nicht. Er verschwand auch nicht gleich wieder. Er blieb den ganzen Tag bei Lukas und seiner Mutter bis in den Abend hinein.

„Es geht ihm jetzt viel besser", versuchte Mama Lukas zu trösten. „Nun hat er keine Schmerzen mehr".

Lukas fand, dass der Rabe einen Namen haben sollte. Ruby gefiel ihm. Also schrieb er einen Zettel, den er auf das kleine Vogelgrab legte. „Hier liegt Ruby", stand nun darauf. Das machte es persönlicher.

In der Abenddämmerung dann zeigte Lukas seiner Mutter Gerda, die Eule, und sie sprachen über die Geschichte des Zauberers Euklesophos und über das wunderbare Land der Seelen. Mama lächelte schon wieder ein wenig und sagte, dass es schon verrückt sei, wie traurig die Welt manchmal sein konnte und wie wunderschön zugleich. Lukas fand das auch. Mama nahm ihn lange in den Arm. Sie erzählte ihm von ihrem Plan mit der Laterne. „Wir könnten sie abends auf der Veranda anzünden, was meinst du?"

Lukas nickte. Die Idee fand er gut. „Weißt du eigentlich, dass du heute Schule gehabt hättest?" fragte sie noch. Lukas nickte erneut. „Aber manchmal gibt es wichtigere Dinge", antwortete er. Sie stimmte ihm zu, und sie beobachteten Gerda, welche in all ihrer Federpracht leise um das Haus flog, noch eine Weile.

In dieser Nacht übernachtete Lukas im Baumhaus, Kieran blieb bei ihm – die ganze Nacht. Lukas suchte den Weltempfänger von Kai nach Musik ab und Kieran trippelte im Takt dazu auf dem holzigen Boden umher.

So ein Weltempfänger war etwas besonders. Mehr als ein Radio. Man hatte sozusagen die ganze Welt bei sich, wenngleich anders als man zunächst dachte.

In den Tagen und Nächten die folgten, war er kaum noch von Lukas Seite zu bekommen. Eines Tages war es Agathe gewesen, mit der Lukas Freundschaft geschlossen hatte, denn Kieran hatte sie zu ihr geführt. Agathe war von vielen Raben umgeben, sie liebte sie alle.

Das konnte man sofort merken. Und auch Lukas mochte sie.

Besonders Korax, Kieran, Kiara und Kolja waren ständig in ihrer Nähe.

Kiara war noch sehr jung, ein Weibchen mit außergewöhnlich großen Augen. Lukas bewunderte ihre Schönheit, so wie er die Schönheit eines jeden Raben, dort bei Agathe, bewunderte. Jeder für sich war ganz und gar unverwechselbar

Von nun an verbrachte er viel Zeit bei ihr auf der Veranda vor ihrem Haus. Und das, soviel kann ich verraten, war wirklich niemals eine Zeitverschwendung.

Es gab keinen Zweifel: Kieran brachte ihm nur Gutes! Er träumte nie schlecht, wenn Kieran bei ihm war. Manchmal nahm er nachts dessen Feder in die Hand, weil sie an den Seiten so beruhigend weich war.

Mit dieser Feder in der Hand konnte er sich sogar vorstelle, Katha und Papa auf dem Friedhof zu besuchen. Bisher war ihm das zu schwierig erschienen, egal was Mama oder Oma gesagt hatten. Doch mit Kieran würde er es wagen. Mit Kieran und dessen Feder.

Das zog nur die schönsten Träume an, und auch das Glück.

Denn schließlich konnte es kein größeres Glück geben als solch einen guten Freund oder eine Freundin wie Agathe zu haben. Der Sommer im Wald wärmte die Luft und erfüllte sie mit Leben.

Und auch Stachel, ich weiß nicht warum, zeigte sich von nun an wieder öfter.

Eigene Gedanken

Kapitel 11:
Lukas und das Eulenkind

Die nächtlichen Flüge der Eule Gerda und Kierans Besuche im Baumhaus begleiteten Lukas nun regelmäßig. Manchmal wachte er nachts für eine kurze Weile auf nur um Gerda oder Kieran zu beobachten. Wenn sie um das Haus flogen, fühlte er sich so wunderbar beschützt. Auch Stachel gab ihm dieses Gefühl. Und als er dann auch noch das Eulenkind sah, fühlte er sich rundum wohl.

Das Eulenkind, es musste von Gerda sein, da sich die Bruthöhle direkt gegenüber seinem Fenster befand, war soeben aus der Höhle geklettert und saß auf einem Ast, als Lukas auf es aufmerksam wurde.

Es war über und über von einem kleinen weißen Flaum bedeckt und wirkte ziemlich zerzaust. Doch Lukas hatte es vom ersten Augenblick an ins Herz geschlossen.
Mit riesigen Augen sah es zu ihm herüber. Der zarte Flaum, der es umgab, zitterte im Wind. Man konnte sich noch gar nicht vorstellen, dass aus diesem kleinen Etwas einmal eine so

kraftvolle und elegante Eule wie Gerda werden würde.

Unvermittelt ließ es sich auf den Boden plumpsen und hüpfte zu Lukas, der halb im Haus, halb auf der Veranda stand. Schließlich gelangte es in seine unmittelbare Nähe.

Lukas lachte, weil er das Eulenkind so niedlich fand. „Ich lach dich nicht aus, ich lache dich an!" setzte er erklärend hinzu.

Er wollte nicht, dass die kleine Eule dachte er würde sich über sie lustig machen, nur weil sie noch so klein war.

So etwas hätte Lukas niemals gemacht. Aber die Eule kannte Lukas ja noch nicht, daher erschien es ihm sinnvoll zu sein, sie vorsichtshalber darauf hinzuweisen.

Doch die Eule schien nicht zimperlich zu sein. Mit frechem Blick trippelte sie an Lukas vorbei ins Haus. Lukas war verblüfft. Das war selbst für ihn neu.

Zwar war er daran gewöhnt, dass verletzte Tiere auf die Veranda des Hauses kamen, doch wie dieser kleine Kerl sich da eben frech ins Haus gedrängt hatte, das war noch nie zuvor da gewesen.

Soviel Selbstbewusstsein bei einem so kleinen Tier war durchaus beachtlich.

Mit einem Ruck drehte sich Lukas von der Tür weg ins Haus, um zu sehen wo die Eule war. Er sah sie nicht, aber er hörte sie blitzschnell über den Fußboden trippeln. Ganz kleine „Klacks" im ersten Stock.

Aufgeregt rannte Lukas nach oben. Auf einmal war es ruhig. Die Eule musste sich versteckt haben. Vorsichtig sah er sich um. Es war vollkommen leise im Raum.

Doch plötzlich raste von rechts ein kleiner, flaumbedeckter Eulenblitz an ihm vorbei und kreischte, wie Kinder es tun, wenn sie sich gegenseitig fangen.

„Na warte", dachte Lukas und grinste. „Dich krieg ich!" Doch das war gar nicht so leicht. Die Eule war erstaunlich flink und verblüffend wendig.

Sie schien es darauf abgesehen zu haben Lukas abzuhängen und flitzte unerschrocken quer durch den Raum und wieder zurück, flatterte kurz an seiner ausgestreckten Hand vorbei und ließ sich dann die Treppe herunterplumpsen – wieder hörte er nur das kleine Klacken und Trippeln, dann war es ruhig.

„Ich finde dich!" rief Lukas; doch er war sich nicht so sicher wie er tat. Das Haus schien leergefegt, kein einziger Federflaum war zurückgeblieben. Misstrauisch sah Lukas zur Katze hinüber. Ob die etwa etwas mit dem Verschwinden des Eulenkindes zu tun hatte? Es waren keinerlei verdächtige Spuren im näheren Umkreis der Katze zu erkennen.

„Wo ist die Eule?" fragte er *Katze*.

Die Katze sah ausgesprochen gelangweilt zu Lukas und reckte sich.

Sie schien überhaupt nichts von dem aufgeregten, stressigen Eulenkind mitbekommen zu haben, und außerdem mochte sie es nicht, wenn man sie nicht begrüßte, sondern gleich mit der Tür ins Haus fiel. Lukas beschloss auf der Veranda nachzusehen. Und dort saßen sie einträchtig nebeneinander wie ein Liebespaar: Stachel, der Igel, und die kleine Eule, die eher wie ein wirres Knäuel aus Wolle aussah.

Den rechten Flügel hatte sie vorsichtig über Stachel gelegt. Die beiden wirkten sehr zufrieden und vertraut miteinander.

Das gefiel Lukas. Er kam ein Stück näher, doch da begann Stachel zu zischen.

Es war offensichtlich: er wollte die Eule für sich allein haben.

Oder vielleicht doch nicht? Stachel sah ihn an und dann wieder die kleine Eule. Gerade so als wollte er ihm etwas mitteilen, ihm ein Zeichen geben.

Die Eule war davon völlig unbeeindruckt, doch Stachel zischte nur so besonders, das wusste Lukas mittlerweile, wenn er ihm etwas oder jemandem zeigen wollte.

Obwohl er sich selbst lächerlich dabei vorkam, bemerkte Lukas, dass er auf die beiden eifersüchtig war.

Schnell ging er zurück ins Haus und setzte sich auf Mamas Sessel.

Sie war zu ihrem Spätdienst gefahren, und außer ihm und der Katze war niemand da.

„Hallo Katze", holte er die längst überfällige Begrüßung von vorhin nach. Zögernd hob die Katze den pelzigen Kopf und sah ihn mit halbgeschlossenen Augen träge an.

Sie hatte keinen anderen Namen als Katze. Nicht, dass sich Lukas oder seine Mutter keine Gedanken über einen möglichen Namen gemacht hätten, im Gegenteil, sie hatten alle möglichen Namen für sie in Betracht gezogen.

Doch kein einziger Name schien letztlich besser zu ihr zu passen als einfach nur „Katze". Katze gähnte demonstrativ, klappte ihre Ohren spitz nach hinten und tappte dann in betonter Langeweile zu Lukas herüber.

Dann, in einem plötzlichen Anfall von Bewegungsfreude, sprang sie mit einem geschickten Satz auf Lukas´ Schoß, hangelte sich an seinem Oberkörper hoch und kringelte sich beinahe wie ein flauschiges Kissen um seinen Kopf.

Schließlich begann sie zu schnurren. Das Schnurren vibrierte über seinen Kopf, durch seinen ganzen Körper, und er begann sich wohl zu fühlen. „Du bist eben doch die Beste", sagte er mit geschlossenen Augen zu Katze, die daraufhin noch stärker schnurrte. Fast wäre er eingeschlafen, so gemütlich und warm war es mit Katze. Unvermittelt hatte er das Gefühl von außen beobachtet zu werden.

Er öffnete die Augen und sah die kleine Eule am Fenster sitzen und frech zu ihm und Katze hinüberstarren.

Mit dem Schnabel pickte sie leicht gegen die Scheibe, dann ließ sie sich wieder auf die Veranda plumpsen.

Lukas schüttelte den Kopf und seufzte.

Das konnte ja noch was werden mit dieser Eule! In seiner Hosentasche fühlte er Kierans Feder. Sie war so schön weich.

Lukas gähnte mit Katze noch ein wenig um die Wette, dann schliefen sie beide ein. Mama kam heute später als sonst nach Hause.

Sie war noch am Papierwarenladen vorbeigefahren und hatte Klebstoff und Pergament für die Laterne gekauft. Als Mama schließlich kam, fand sie Lukas und Katze in ihrem Sessel. Beide schliefen. Doch auch sie fühlte sich plötzlich beobachtet. Schnell schloss sie die Rollläden, und wieder kam es ihr mit einem Mal so vor, als hätte eine kleine Eule sie gerade frech durch den Rollladenschlitz angestarrt.

Das werde ich gleich morgen Lukas erzählen, dachte sie sich noch als sie das Futter für Stachel vorsichtig auf die Veranda stellte.

Später ging sie noch einmal in Lukas Zimmer und sah ihn an, während er so friedlich schlief. Dann zog sie ihm die Decke zurecht, die ein wenig über die Bettkante hinaus gerutscht war.
So etwas machte sie manchmal, wie Mütter eben nicht anders können.

Sie wusste nicht, dass Lukas längst die Bekanntschaft der kleinen Eule gemacht hatte, und dass er, während er schlief, bereits von ihr träumte.
In seinem Traum wuchs die Eule zu einer mächtigen und prachtvollen Schönheit heran.

Einer Eule die so weit fliegen könnte wie einst Euklesophos.
Von dessen Gärten sollte sie ihm berichten.

Ihr Name war Luna, er musste Luna sein.

Denn höher noch als der Mond würden ihre Schwingen reichen.

Noch wagte Lukas es nicht an das Grab seines Vaters zu treten.

Allein der Gedanke war nicht aussprechbar.

Doch Luna, erklären konnte er es nicht, Luna würde ihm dabei helfen.

Noch vor der Schule besuchte er Agathe. Der Vogelhändler hatte ihm einen Sonderpreis auf Tartar gegeben und Lukas wusste seit seiner Begegnung mit Kieran nicht nur, dass Liebe durch den Magen geht. Er wusste auch, dass kleine Geschenke die Freundschaft erhielten. Die Freundschaft zu Agathe, so neu sie auch noch war: Er wollte sie unbedingt erhalten.

Agathe lächelte ihm zu. Und Krakan, Kiara und die anderen Raben machten sich über sein Geschenk her. Lukas fand, dass das eine gute Art war den Tag zu beginnen. Agathe fand das auch. Als er sich nochmals nach ihr umdrehte winkte sie ihm nach. Lukas fühlte die Feder von Kieran in seiner Tasche und mit Agathe im Rücken erschien es ihm in diesem einen, besonderen Moment so, als könnte ihm nichts und niemand etwas anhaben. So ging es auch Anton, der Agathe liebte wie eine Mutter.

Vielleicht deshalb, weil er seine eigene Mutter verloren hatte. Auf eine andere Weise wie Kai oder Lukas, jedoch ist ohnehin jeder Verlust ein ganz persönlicher.
Anton bewahrte sich die Erinnerung an Agathe Ein ganzes Leben lang. Doch lasse ich ihn von hier ab weitererzählen.

Eigene Gedanken

Kapitel 12: Agathes Weihnachtsbaum
(Auszug aus: Korax und das Geheimnis der Kürbisse)

Einmal, es war (was ich nicht wusste) ihr letzter Winter, half ich Agathe dabei einen Weihnachtsbaum zu schmücken. Es sei seit vielen Jahren ihr erster, hatte sie mir berichtet. Ein Waldarbeiter hatte ihn ihr geschenkt.

Der Baum war nicht besonders groß und auch ein wenig krumm. So wie Agathe selbst, fand ich. Doch gesagt habe ich natürlich nichts.

Vielleicht hätte sie sogar über den Vergleich gelacht, aber ich wollte sie nicht kränken. Sie stellte ihn, so wie es zu ihr passte, nicht ins Haus. Er stand bei den Kürbissen vor dem Haus und sie schmückte ihn mit echten, weißen Kerzen. Diese waren noch nicht angezündet, als sich die Raben in der Nähe niederließen, offenbar verzaubert und hellauf begeistert von den zahlreichen, glitzernden, glimmenden und schimmernden Silberkugeln, denn Kiara, die schöne Kiara mit den großen Augen, kam nahe genug heran, um sich ausgiebig in einer dieser Kugeln zu spiegeln.

Hinterher, als die Kerzen dann leuchteten, und

Die vielen verzierten Silberkugeln ihr besonders helles, warmes Licht wiedergaben, sah man sie nur noch vorsichtig von weitem wie sie alles im Auge behielten.

Neugierig, wie sie nun einmal alle waren, beobachteten sie, und das war völlig unüblich, *schweigend* das Geschehen. Sie hatten wirklich Stil, soviel stand schon mal fest.

Ich muss sagen, dass es wirklich etwas ganz Besonderes war, dieser Weihnachtsbaum von Agathe, der draußen auf der Veranda in der Dunkelheit ein so märchenhaftes Licht auf alles warf und den Wald in etwas verwandelte, das man nur bei ihr und durch sie so je gesehen hatte.

Dieser kleine, krumme Baum erhob sich nun also in seinem Leuchten und erhellte alles mit einem so warmen Licht, welches aus Agathes Augen zu mir zurückfloss wie etwas Warmes, Helles und Gutes, wie etwas, das mir das Gefühl gab, dass auf eine rätselhafte Art alles gut werden würde.

Gerade deshalb, weil sie nicht so war wie alle anderen, fragte ich sie ständig etwas.

Normalerweise bin ich wirklich niemand, der anderen beinahe ein Loch in den Bauch fragt, aber bei Agathe war das anders. *„Was ist denn nun eigentlich der Sinn von dem Ganzen?",* wollte ich einmal von ihr wissen.

„Den ganzen Sinn", antwortete mir Agathe, *„den können wir nicht immer sehen, wenn wir noch hier auf dieser Welt sind."* Sie war davon überzeugt, dass es nötig sei zu fliegen, ein ganzes Stück nach oben, um sich das Leben von oben her anzusehen.

Erst dann, das versprach sie mir, würde ich alles verstehen. *„Auch wenn du den Sinn gerade nicht siehst",* versicherte sie mir. *„Er ist da".*

Vielleicht, auch das gab sie mir zu bedenken, reiche es im Leben sogar bereits aus darauf zu vertrauen, dass der Sinn da war – ob er nun zu sehen war, zu erkennen oder nicht.

„Manche Dinge kann man auch spüren, selbst dann, wenn man sie nicht sieht." Ich legte meinen Kopf in den Nacken und sah nach oben.

„Vertraue einfach darauf ", sagte sie mit einer solchen Überzeugungskraft in der Stimme, die

in mir weiterschwang und in mir eine Sicherheit entfaltete, mit der ich zuvor wirklich niemals gerechnet hätte.

Ich dachte an den Wald mit seinen Raben und an alle, die schon auf dieser Welt fliegen konnten. An diesem Tag gab es nichts, das ich lieber getan hätte als durch den Wald zu laufen, um einige von ihnen zu sehen.

Und dann, es war nur ein kurzer Gedanke, hätte ich mich bereits an diesem Tag nicht gewundert Agathe unter jenen zu sehen, die schon zu Lebzeiten die Fähigkeit besaßen zu fliegen.

Ich dachte mir an jenem Tag auch, besonders wegen der Sache mit der Puppe Annie, dass die meisten Menschen Agathe wohl für eine Verrückte halten würden.

Doch ich selbst fand sie nicht verrückt. Ganz und gar nicht. Selbst in ihren letzten Tagen nicht, an denen sie ein wenig verwirrt wirkte und mir vom Sinn des Lebens erzählen wollte. Vielleicht hätte ich sie nicht schon wieder danach fragen sollen, vor allem nicht in ihrem Zustand. Sie war ganz zittrig und blass, fast durchscheinend, so wirkte sie dadurch noch viel zerbrechlicher als sonst. Doch etwas in mir warnte mich, dass sie nicht mehr lange bei mir sein würde. Es war so ein Gefühl, eine Angst, eine in mir lauernde, gerade aufkeimende Trauer, etwas, das mich warnen wollte nicht zu warten. Ich glaube, dass ich deswegen einfach fragen musste. Wer sonst außer Agathe hätte mir eine Antwort geben können? Es schien mir jedoch so, als könne sie mit dem Wort plötzlich gar nichts mehr anfangen.

So als hätte es seine Bedeutung zwar nicht verloren, aber doch gewandelt.

„Der Sinn....der Sinn...." Agathe dachte ein wenig nach.

„Ich kannte den Sinn früher einmal, als ich alt war oder jung oder am Beginn eines neuen Lebens....mmmh."

Sie seufzte. *„Doch ich habe ihn vergessen."*

Für einen Moment hatte sie völlig ratlos ausgesehen.

„Er fällt mir wieder ein", hatte sie *versprochen.* *„Irgendwann, dann, wenn ich nicht damit rechne."* Ich hatte Agathe daraufhin ein klein wenig ermunternd zugelächelt.

Vielleicht half das ja beim Erinnern. Und tatsächlich:

„Ich glaube einmal, ja, da ist es mir wieder eingefallen für einen kurzen Moment.". „Wann war das?", wollte ich wissen. „Das war an einem der Abende, die manchmal sehr dunkel sein können, dunkel und einsam. Ich saß auf der Veranda, und ich wusste gar nicht mehr warum ich das tat. Warum ich da saß und überhaupt.

Doch dann blickte ich durch die ausgehöhlten Augen des Kürbisses auf der Veranda hindurch, jene, die mich anblickten, mir aber nichts zurückgaben oder spiegelten. Alles Dunkel, doch dann gab es da dieses kleine Licht – auch wenn das alles ist, was man sieht. Nur dieses kleine Licht. Das Licht als das Symbol der Hoffnung, der Abglanz dessen, was uns alle dereinst erwarten wird." „Sie spricht heute so komisch", hatte ich gedacht. „So komplett altmodisch".

Außerdem klang es, ganz ehrlich gesagt, schon etwas verrückt, und sie sprach plötzlich ohne Pause und Ende, dabei wirkte sie doch so schwach.

So als könnte sie eigentlich nur noch mit Mühe etwas sagen. Und dann diese vielen Worte, gespickt mit großen, alten Worten, die nicht leicht zu verstehen waren. Und trotzdem, dennoch verstand ich gut was Agathe meinte.

Manchmal brauchte es hierzu nicht einmal die gleiche Sprache. Agathe sagte auch etwas, das heute noch in mir nachhallt; vielleicht ganz besonders auch deswegen, weil es so kurz vor ihrem Tod war. Sie erzählte leise. *„ Ich sitze oft hier auf der Veranda mit den Kürbissen, und manchmal ergibt nichts mehr einen Sinn. Ich weiß dann nicht mehr wozu ich hier bin, wozu ich hier war"*, sie seufzte: *„und überhaupt."*

„Vor allem wenn ich allein bin, und sich das Alleinsein schlimmer anfühlt als alles andere. Doch dann sehe ich, dass am Ende alles gut werden wird." Es war schön wie sie das sagte. *„Du wirst sehen - es wird auf eine Art gut, die uns dann, am Ende, ganz und gar selbstverständlich erscheinen wird. Es ist der Sinn, den wir jetzt noch nicht sehen, aber auf den wir vertrauen können."* Nun wurde sie wieder etwas ruhiger und sah tatsächlich noch müder aus als zuvor.

Ich bereute es ein wenig sie so angestrengt zu haben. Doch mit dem, was sie gesagt hatte, damit konnte ich etwas anfangen. Eine innere Stimme hatte mir selbst auch schon einmal so etwas Ähnliches gesagt. Es war tatsächlich nichts, was sich leicht in Worten ausdrücken ließ. Vielmehr war es so etwas wie ein Gefühl. Ein Gefühl, welches von weit her kam. Von weit her und doch zugleich von einem Ort, der seltsam vertraut zu sein schien. So als sei es ein längst vergessenes Zuhause. Aber so etwas erzählte man doch wirklich besser niemandem. Niemandem außer höchstens Agathe.

Da konnte man sicher sein, dass sie es auch verstand. *„Einmal"*, erzählte Agathe an einem ihrer letzten Lebenstage, *„es war nachmittags an einem kalten Januartag. Ich lag im Bett, und plötzlich träumte ich, dass ich ein Kind sei, und dass dies nun gerade der Mittagsschlaf vor dem Heiligabend wäre."* Sie schwieg eine Weile, dann fuhr sie fort: *„Der Mittagsschlaf vor dem Heiligen Abend war immer das Schönste des ganzen Jahres für mich. Meine Mutter, mein Vater, ein älterer Onkel, die Großeltern, unser Hund Asko und die Tanten schwirrten im Haus umher.*

Meine drei älteren Cousinen schliefen auch, warm eingepackt. Alles roch so gut, und in mir war diese riesige Vorfreude auf das Fest. Es war der absolut schönste Augenblick des ganzen Jahres."

Ich weiß noch, dass ich genickt hatte. Ich konnte mir das gut vorstellen. Agathe als ganz kleines, geradezu winziges Mädchen (sehr viel größer ist sie ja auch später nicht geworden), das Haus, die Lichter, alle diese umher-schwirrenden, fröhlich-aufgeregten Menschen mit ihren Vorbereitungen auf das Fest. *„Dann"*, fuhr Agathe fort, *„wachte ich auf.*

Ich war alt, klamm und klapprig. Um mich her war kein Licht, keine Wärme. Es war ein kalter, ein grauenhaft dunkler Januartag.
Weihnachten war längst vorbei, und all jene, von denen ich geträumt hatte – alle miteinander waren sie schon fort. Lange vor mir gestorben. Als ich erwachte und dies begriff, war es furchtbar. Am Anfang." Sie sah mich bekümmert an, so als sei sie soeben ganz unsanft an etwas erinnert worden.

Schließlich fing sie sich wieder ein wenig, und sprach weiter. *„Doch mit einem Mal wurde mir klar, dass mein Sterben so sein würde.*

Ganz genauso. Wie mein Mittagsschlaf vor dem Weihnachtsfest. Und alle würde ich danach wiedersehen. Alle."

Eine Vorfreude lag auf Agathes Gesicht. Es war eine solche Freude, dass ich tatsächlich an Weihnachten denken musste. Ich erinnere mich genau daran, dass ich mich mit einem Mal etwas näher zu Agathe gesetzt hatte. Vielleicht weil ich plötzlich ein wenig Angst vor dem unabwendbaren Tag verspürte, an dem Agathe nicht mehr hier bei mir sein würde. Doch die Freude im Gesicht dieser alten Frau, die mir so wichtig geworden war, wuchs und wurde schließlich stärker als meine Angst und am Ende dachte ich nur noch an Weihnachten und an das, was mir, als meine Mutter noch gelebt hatte, daran auch immer am meisten gefallen hatte. Die Vorfreude.

An den Tagen nach ihrem Tod, an dem ich manchmal sehr böse auf sie war, weil sie mich allein gelassen hatte, konnte ich nicht mehr an diese Vorfreude denken. Ihr Tod hatte sich mit dem unbegreiflichen Tod meiner Mutter verbündet, und doppelt schwer und trostlos hing dieses Gewicht nun in mir. Wie ausgelöscht war jedes Gefühl, kahl wie ein Weihnachtsbaum, den einfach jemand vergessen hatte zu schmücken oder zumindest zu entsorgen.

Denn der trostlose Weihnachtsbaum in meiner Phantasie nadelte bereits. Ohne Schmuck, und nicht einmal mehr grün war er. Nur noch ein braunes, dünnes Skelett, das ohne Leben war und ohne Freude. Er war wie ich.

Für eine lange Zeit. Genau kann ich nicht sagen wann sich das wieder änderte.

Vielleicht dauerte es einen Winter lang, wahrscheinlich eher zwei oder drei, denn niemals mehr wieder habe ich einen Menschen wie Agathe getroffen. Ich weiß nicht, ob ich daran glauben kann sie wirklich wieder zu sehen, sie, oder meine Mutter. Ich weiß, Agathe wäre sehr empört zu erfahren, dass es auch nur eine einzige Sekunde gab, in der ich ernsthaft daran zweifeln konnte. Menschen wie sie durfte man nicht mit solchen Gedanken aufregen.

Soviel war mir schon damals klar. Und wahrscheinlich ist es damit zu erklären, dass ich seither in jedem Jahr einen Weihnachtsbaum geschmückt habe. Meistens blieb er bis Ostern bei uns. So wie Agathe es niemals geschafft hatte ihre November-Kürbisse wegzuräumen, so konnte auch ich mich zeitlebens sehr schwer von meinen jeweiligen liebgewonnenen Weihnachtsbäumen trennen.

Meine Familie, meine Frau ausgenommen, hat mich mehr als einmal damit aufgezogen, und an einem Tag wollten meine Kinder plötzlich niemanden mehr ins Haus lassen, weil es ihnen peinlich war, dieser Weihnachtsbaum zu Ostern.

Meine Frau Leah konnte ich bei diesen Dingen ausnehmen.

Ich glaube, dass ich wirklich niemals einem verständnisvolleren, aufmerksameren und liebevolleren Menschen als ihr begegnet bin. Doch schweife ich ab. Es ging ja um unsere Kinder. An diesem Tag erzählte ich ihnen zum ersten Mal von Agathe, denn ich fand, dass sie

nun alt genug waren um zu erfahren warum man sich manchmal so schwer trennen kann.
Von allem was schön ist, was einem Licht gibt und ein wenig Freude.
Ich wusste zuerst nicht, ob meine Kinder das verstanden haben.

Doch dann begannen sie immer wieder nach Agathe zu fragen, auch nach Kieran, Krakan, Korax und Kiara, den Raben, die mich damals zu ihr geführt hatten, und ich musste ihnen von ihr erzählen. Von ihrer Veranda, auf der ihre Kürbisse standen neben ihrem Stuhl, von den Raben im Wald, die so sehr aneinander hingen, und die auch Agathe betrauert hatten. Agathe schien meinen Kindern offenbar wie ein mystisches Zauberwesen, so genau wollten sie alles von ihr wissen. Je mehr ich von ihr erzählte, desto mehr erschien sie auch mir wie dieses Zauber-wesen, doch das war sie natürlich nicht. Sie war ein Mensch. In einem gewissen Sinn hat sie das Leben ein wenig für mich verzaubert, und möglicherweise wurde sie daher von meinen Kindern in diesen Stand erhoben.

Schließlich brachten sie mich auf die Idee kleine Raben aus dunklem Papier an unseren Weihnachtsbaum zu hängen. Von diesem Jahr an fehlte niemals auch nur ein einziger Rabe an unserem Baum.

Meine Kinder nannten ihn seither nur noch *Agathes Weihnachtsbaum,* und es störte sie noch nicht einmal mehr, wenn er lange über seine Zeit noch in unserem Zimmer stand, denn es war *Agathes* Weihnachtsbaum. Mit den Lichtern und nun auch den Raben brachte er so viel Gutes in unser Zuhause. Ebenso wie Agathe damals so viel Gutes in mein Leben gebracht hatte.

Oft denke ich darüber nach, dass ich unsere Bekanntschaft einem wahrlich steinalten Raben, Korax, zu verdanken habe. Einem Tier, dem in unseren Gefilden nicht viel Gutes nachgesagt wird. Zu Unrecht in so vieler Hinsicht. Wie sehr kann man sich doch irren, wenn man nur auf das hört, was andere sagen, oder wenn man aufhört selbst genau hinzusehen oder hinzuhören. Auch das habe ich durch die Begegnung mit Agathe gelernt.

Diese Dinge hat sie niemals ausgesprochen, doch allein ihre Art, so wie sie war, hat es mich gelehrt. Wenn ich von ihr erzählte, fühlte ich mich unendlich reich, beschenkt durch die Tatsache, dass ich sie gekannt hatte.

So deutlich sehe ich sie vor mir.

Noch immer weiß ich nicht, ob ich daran glauben kann sie wiedersehen zu dürfen.
Doch sie hat mir etwas geschenkt, das mich seither begleitet.
Als sie mir einmal gesagt hatte, dass es der Dunkelheit viel leichter fällt sich auszubreiten, weil hierfür viel weniger Energie vonnöten sei; es also geradezu ein automatisches Natur-gesetz sei wonach sich die Dunkelheit sehr viel tiefer, sehr viel schneller ausbreitet als es dem Licht möglich wäre; dass aber, umgekehrt nur ein einziges Licht genüge um die Dunkelheit weniger dunkel zu machen und damit als komplette Dunkelheit einfach auszulöschen, dann muss ich sagen, dass sie für mich eines dieser Lichter gewesen ist. Eines der Lichter, die selbst mit dem Tod nicht verlöschen.

Auch in den härtesten und dunkelsten Stunden meines Lebens war sie immer zuverlässig bei mir. Wie ein Gefühl, welches sich außerhalb meines eigenen Körpers befand. Es war ein Gefühl von tiefstem Frieden und einer beinahe ausgelassenen Freude.

Gerade so als blickte sie mir mit ihrem Lachen geradewegs in die Augen. Es war ein Gefühl, das sehr viel stärker war als alle anderen Gefühle. Stärker als meine Angst, meine Sorgen oder Zweifel.

Ich spürte sie deutlich in meiner Nähe.

Wenn ich nämlich an ihre Gewissheit und an ihre Vorfreude dachte und denke, dann fühle ich mich davon mitgetragen.

Mitgetragen in der mit einem Mal in diesem Jahr so fest gewordenen Gewissheit nicht an einem tristen, windigen und kalten Januartag im Nirgendwo zu erwachen, sondern ganz kurz vor Beginn eines Weihnachtsfestes, umgeben von allen, die ich, Anton Sergejew, je geliebt habe. Und es gibt noch etwas, das mir durch Agathe gebracht wurde. Noch jemanden, um genau zu sein.

Warum ich sie nicht schon als Kind kennenlernte, weiß ich nicht.

Sie lebte für eine Weile ganz in meiner Nähe, bevor sie wegging, um dann, nach zwölf Jahren, wiederzukommen. Seither war sie fast immer an meiner Seite.

Leah Löwenherz. Ihren Namen hat sie auch nach unserer Hochzeit behalten.

Mit einem Löwenherz bleibt einem da ohnehin nichts anderes übrig.

Es waren besonders die kleinen Dinge, die ich an ihr liebte. Einmal, als sie einen kleinen toten Vogel sah, der mitten auf dem Gehsteig in einer größeren Stadt lag, nahm sie ihn sehr behutsam mit einem Taschentuch auf und trug ihn vorsichtig auf einen Grünstreifen, so dass er nun, sicher im Gras gebettet, nicht der Gefahr ausgesetzt war, von einem der vielen Passanten achtlos zertreten zu werden.

Es schien mir immer so als habe sie einen ganz besonderen, einen liebevollen Blick auf die Welt und ich war stolz darauf zu wissen, dass sie meine Frau war.

Als wir unser erstes Kind erwarteten, erschien uns jeder Tag ein kleines Fest zu sein. Noch nie zuvor hatte ich jemanden so aufgeregt, so voller Glück er-wartet wie dieses winzige Wesen, welches in Leah heranwuchs. Etwas, das sie und mich noch auf eine ganz andere Weise für immer verbinden sollte. Ich konnte seine Herztöne hören, vielmehr ihre, denn es war ein kleines Mädchen. So viele Namen fielen uns für sie ein! So viele, dass wir uns auf keinen einigen konnten. Leah lachte und sagte, dass wir den richtigen Namen schon wüssten, sobald wir unsere Tochter in den Armen halten würden. Sie hatte sich geirrt. Denn etwas, womit wir nicht im Entferntesten gerechnet hätten, war eingetreten. Das kleine Mädchen, das wir in den Armen hielten war nicht mehr am Leben. Ich habe nie zuvor einen solchen Schmerz gefühlt und - bis zum Weggang meiner Frau Leah- ach danach nicht mehr. Wie im Traum prägte ich mir damals jedes noch so winzige Detail unseres gestorbenen, kleinen Mädchens, unseres Sternenkindes, ein. Ihr Gesicht-chen war so hübsch, so zart. Wie durch-scheinend waren ihre Händchen und diese zarten Füße, die niemals über das Gras oder im Schnee laufen würden. Die niemals wachsen und leben würden. Dennoch: In all meiner riesigen Trauer vermochte dieses kleine, einzigartige Gesichtchen, seine eigenwillige Schönheit, allein der Gedanke daran eine Freude in mir erwecken. Eine Freude, die zu einer Art schönen Erinnerung wurde, obgleich es uns beiden, Leah und mir, in dem Moment, in dem wir sie hielten- und wieder von uns geben mussten, so vorkam, als könnten wir in unserem ganzen Leben nie wieder fröhlich werden. Etwas Unerhörtes war da passiert. Etwas, das in mir etwas zerschnitt. In mir, und auch in Leah. Unser Sternenkind. Es hatte nun nicht nur einen Namen. Es hatte sie alle. An jedem Abend entzündeten wir ein Licht für sie. Auch als unsere anderen Kinder geboren wurden, auch als schon viele Jahre ins Land gegangen waren und unser Sternenkind, wenn es gelebt hätte, längst erwachsen geworden wäre. Für uns hingegen blieb es unser geliebtes kleines Wesen mit den zahllosen Namen.

Ich wusste, dass ich sie unser Leben lang vermissen würde. Einer der Namen, die ich ihr gab, war „Sehnsucht". Wie oft denken wir, dass wir ein Recht auf das alles haben. Ein Recht auf ein langes, glückliches Leben, ein Recht auf gesunde Kinder, und doch ist es nur unsere eigene *Sehnsucht*. Unsere sehr verständliche, menschliche Sehnsucht. Und obwohl unser kleines Mädchen mit den vielen Namen nicht lange in unseren Armen gelegen hatte, so war sie doch bei uns gewesen, war gewachsen, all die Monate zuvor und auch, ich habe es immer wieder gespürt, auch die vielen Jahre danach. Agathe hatte Recht. Es ist mehr da als das Auge sieht, und ohnehin ist es uns auf dieser Welt nur gegeben einen Ausschnitt zu erkennen – wenn überhaupt. Agathe war es, die mir gesagt hatte, dass es nicht auf die Jahre ankäme, sondern auf das, was wir mit der Zeit, die uns zufällt, machen. Diese Zeit unseres Mädchens in unseren Armen. Ich dehne sie aus, ich dehne sie so weit aus, dass sie für ein ganzes Leben ausreicht. Für ein ganzes, langes Menschenleben. Was sie gemacht hat? Sie war da! Und: Sie ist da. Vielleicht mag man denken ich würde mir etwas vormachen.

Einige meiner Bekannten glaubten nicht daran, dass es nach dem Tod für uns weitergeht. Ich bin anderer Meinung.

Doch selbst wenn es nicht weitergehen sollte, so *war* sie da, und so *ist* sie da. Sie hat unser

Leben bereichert und ich glaube wir auch das Ihre. Wenn ich daran denke wie ich Leahs wachsenden, warmen Bauch während der Schwangerschaft gestreichelt habe, wie wir mit unserer Kleinen gesprochen haben und ihr gesagt wie sehr wir uns auf sie freuen.

Dies war ein weiterer Name, den ich ihr gab: „Freude". Ein anderer Name für sie war „Sonne" und „Geschenk".

Doch waren all diese Namen nur Bruchstücke von dem, was sie uns bedeutete.

Ich weiß, dass es auch Zeiten gab, in denen ich fast verzweifelte.

Einer ihrer Namen war daher auch „Heimweh" und „Schmerz".

Doch war unser kleines Mädchen mehr als etwas Abstraktes, mehr als ein Symbol für das Leben, wenngleich sie andererseits das Leben im Zeitraffer zusammenzufassen schien – so viel mehr.

Und ich dehne sie noch immer- die Zeit.

Noch heute spüre ich die seidige, feine Beschaffenheit ihrer kleinen Stirn, welche ich vorsichtig mit einem einzigen Finger behutsam gestreichelt hatte. Ja, so unendlich viel mehr. Unser kleines Mädchen.

Eigene Gedanken

Leah traf es ebenso hart wie mich. Wie viele Nächte durchweinten wir gemeinsam, wie viele Tage durchschwiegen wir. Manchmal entfernten wir uns sogar voneinander, zu stark war das Gefühl, ganz allein durch all dies hindurch gehen zu müssen.

Dann, als Leah wieder schwanger war, und wir für eine Weile das Gefühl hatten als betrögen wir hiermit unser Mädchen, als würden wir versuchen es zu ersetzen. „Wie dumm wir doch sind", sagte Leah dann, auf einmal. Sie ist unersetzbar. „Ja", hatte ich geantwortet. „Das ist sie!" Langsam, sehr langsam begannen wir uns auf das Menschenleben zu freuen, welches erneut in Leah heranwuchs.

Das Wunder des Lebens erschien mir inmitten dieser Trauer, die eigentlich niemals richtig endete, sich nur verwandelte, ein ganz besonderes zu sein. Leah empfand das wie ich.

Das Selbstverständliche war uns abhanden gekommen, und oft sogar bin ich gerade darüber froh. Das Selbstverständliche nämlich verstellt zu oft den Blick für die wirklich wichtigen Dinge. Für das, was am Ende- oder auch am Anfang- zählt.

Unseren später geborenen Kindern gab Leah, häufig durch winzige Handlungen, durch schöne Blicke und Berührungen, das Gefühl, wertvoll und geliebt zu sein. In jeder Nacht, in der sie nicht bei mir schlief, vermisste ich sie.

Durch meine Reisen als Musiker auf den Bühnen der Welt konnte ich nicht immer bei ihr sein.

Nur meine Gedanken an sie, an unser erstes Kind, unser Sternenkind, das bald wieder von uns gegangen war, und das ich doch immer liebend bei mir spürte, half mir.

Auch das Denken an unsere später geborenen Kinder, an Agathe und den Wald meiner eigenen Kindheit, an die geradezu göttliche Perfektion einer Melodie, konnten mich in vielen einsamen einsamen Nächten trösten, welche ich viele Jahre überall auf der Welt in unterschiedlichen Hotelzimmern verbrachte.

Auf eine Art glichen sie alle einander. Gerade in den Nächten verströmten sie zuweilen eine solch graue Trostlosigkeit, der ich allein diese Gedanken entgegensetzen konnte.